裂变思维

无裂变，不增长，成为第一的商业逻辑

谷璟弘◎著

中国商业出版社

图书在版编目（CIP）数据

裂变思维：无裂变，不增长，成为第一的商业逻辑 / 谷璟弘著. -- 北京：中国商业出版社，2023.10
 ISBN 978-7-5208-2645-7

Ⅰ.①裂… Ⅱ.①谷… Ⅲ.①企业管理 Ⅳ.①F272

中国国家版本馆CIP数据核字(2023)第184120号

责任编辑：杜 辉

（策划编辑：佟 彤）

中国商业出版社出版发行

（www.zgsycb.com 100053 北京广安门内报国寺1号）
总编室：010-63180647 编辑室：010-83118925
发行部：010-83120835/8286
新华书店经销
香河县宏润印刷有限公司印刷

*

710毫米×1000毫米 16开 14印张 180千字
2023年10月第1版 2023年10月第1次印刷
定价：68.00元

****

（如有印装质量问题可更换）

前 言

在全球化与数字化的大背景下，企业面临的外部环境从未如此复杂与多变。新的技术革命不断颠覆传统业态，新的商业模式层出不穷，消费者的需求与期待也在加速变化。这些外部变化为企业的发展带来了新机遇的同时也带来了前所未有的挑战。

与此同时，越来越多的企业其传统的增长方式已然陈旧，线性增长已成为历史，既有的竞争优势与盈利模式难以为继，开始面临增长停滞的瓶颈。如何在这种环境下重新注入增长动力，实现增长瓶颈质的突破？已成为困扰众多企业管理团队与创业者的重要课题。

本书认为，企业要想获得新的增长，就必须在内部培育出持续变革与积极创新的裂变思维能力，感知新的机遇并创造成果，以打破旧有的组织、管理、运营方面的局限，才能在变化中创造新的增长点。这就是本书要探讨的核心观点——裂变思维。

本书探讨的裂变思维与传统的线性积累方式截然不同，它旨在激励和启发企业将自身进行"分解"并以不同的方式"重塑"，即在组织、战略、模式、人才、用户等各方面持续进行根本性的革新与变革，以求在瞬息万变的商业环境中保持旺盛的生命力与持续的竞争优势。这是一种"有序的混乱"，即在保持基本局面的同时大胆的试错，在容忍失误的大环境下进行改进。只有在这样的环境中问题才会被及时发现并修正，新的增长点才有可能出现。

本书从企业的经营战略、组织变革、业务模式、产品创新、人才培育及管理机制等多个角度剖析裂变思维的内涵与作用，探讨在实践中如何培育裂变思维，如何在各个层面推动根本性变革，如何在变革中激发新的增长动能，借以阐明裂变思维的重要性与实施路径，让企业理解变革创新是在新的商业环境下增长的新方向，让企业拥有在动荡变化中求生存、在激烈竞争中谋发展的勇气与智慧、策略与方法。

当人们选择一本书时，就像选择一道特色菜，不一定要"色香味"俱全，但总有一点能够吸引读者。本书的特色和亮点就在于，首先，在每章开始前都设置一个"典型案例"小模块，以反映该章标题主旨，其更重要的作用在于揭示该章标题的现实意义，为后续的相关探讨提供客观依据。其次，书中组织裂变、战略裂变、模式裂变、人才裂变、用户裂变和裂变组合各章都有详细的实践路径和操作要点。如果说"典型案例"是一种直观的简短展示，那么实践路径和操作要点则是立足实务给出的每个具体方法和措施所需的相关能力和注意事项。这不仅有助于读者做进一步思考，更能借此培养读者的裂变思维，而这正是本书的主旨所在。这一点，也希望读者朋友能够仔细体会，加深理解。总之，通过典型案例及实践路径和操作要点，读者可以全面掌握各个方面的实践操作方法，为企业实现新的增长提供有益的指导和参考，让读者能够更好地理解和应用，从而能够更好地帮助企业实现增长。

正所谓"无裂变，不增长"！在企业面临外部环境挑战、内部增长停滞的形势下，以裂变思维启动变革应该是实现稳健增长的合理之道。本书恰恰是企业运用裂变思维实现裂变式增长的重要工具书。请拿起这本书，让裂变思维帮你的企业实现新生，找到新的增长点，引领其进入下一个增长阶段。

目 录

第一章
现状分析：企业增长停滞的思想根源
问题梳理：客户数量、收入、利润、市值都停滞增长 / 2
战略因素：自我高估、管理失效、放弃核心业务、人才匮乏 / 8
思想根源：导致企业增长停滞的非裂变思维方式分析 / 14

第二章
裂变思维：爆发增长的新思维
裂变思维及其一般性特征 / 20
裂变思维的主要思维模式 / 24
裂变思维应遵循的基本原则 / 27
裂变思维实践模型：裂变活动十要素 / 29
裂变式创新的几种突破思维 / 34

第三章
裂变式增长：成为第一的新商业逻辑
裂变式增长及其特征 / 39

裂变式增长的终极目标：成为第一 / 42

企业裂变式增长的三种模式 / 47

实施裂变式增长的三大保障 / 51

实施裂变式增长的步骤与方法 / 53

第四章
组织裂变：实现裂变式增长的基础

组织决定效率和速度 / 58

构建扁平化组织网络，提高工作效率 / 64

引入项目制，实现项目团队跨部门联动 / 70

构建矩阵结构，实现资源的动态配置 / 76

打造组织文化，鼓励创业精神 / 81

第五章
战略裂变：重新定义增长边界

重新定义边界，关注边界扩展与跨界发展 / 88

追求非相关多元化战略，打开新增长空间 / 93

开发新业务模式，寻找新的增长点 / 96

动态审视组合能力，注重产业与资源组合 / 100

动态调整战略重心，把控增长节奏 / 104

第六章
模式裂变：重塑企业增长新引擎

设计商业模式，实现企业裂变式增长 / 110

超越边界：功能融合与需求重构 / 114

生态创新：协同与整合的新机会 / 120

用户体验重塑：深层需求的全新释放 / 124

生态化解决方案：盈利模式的数字化蜕变 / 130

数字化趋势下商业模式重塑的实操路径 / 136

第七章
人才裂变：解放和激发组织活力

人才观的转变：培养组织未来的关键资产 / 145

多元化人才战略：拓宽人才渠道，优化人才结构 / 149

建立人才全生命周期科学化管理体系 / 154

创新激励机制，让员工主动推动变革 / 161

建立一体化的人才数据管理平台 / 166

第八章
用户裂变：引爆传播与影响力

深度用户洞察：全息式用户画像与真实需求 / 176

用户体验持续优化：感知式互动与个性化定制 / 181

用户参与和协作：社区化互动与超级用户 / 186

引发用户裂变：让用户社群作为品牌代言人 / 191

用户关系管理：全渠道覆盖与用户生命价值 / 196

第九章
裂变组合：战略+人才=激发用户增长动能

三大裂变的内在逻辑 / 202

三大裂变的相互作用机制 / 205

管理三大裂变的一体化思维 / 207

三大机制：打破边界、群策群力、数据驱动 / 209

员工持续学习，企业与用户共同成长 / 212

后 记 / 215

参考资料 / 216

第一章

现状分析：
企业增长停滞的思想根源

  企业增长停滞是指企业竞争优势下降、盈利能力减退和发展活力下降的状态，其表现为客户数量、收入、利润、市值都停滞增长等。要增长就要消除停滞，要消除停滞就要查明停滞的原因。企业增长停滞有战略、管理、业务及人才方面的原因，但最深层次的原因在于思想根源，是由于各种非裂变思维导致的创新难变革难，这阻碍了企业实现跨越式增长。因此只有从思想根源着手，培养裂变思维，才能积极应对市场环境变化，释放企业潜在发展动力。

【典型案例】

摩托罗拉曾经是中国手机市场的领先品牌，但由于未能及时推出符合中国市场需求的产品，加之竞争激烈，使得摩托罗拉在中国市场的份额逐渐萎缩并最终退出。

无独有偶，诺基亚在中国也曾经占据着很高的市场份额，但由于智能手机的兴起和市场需求的变化，以及未能及时推出符合中国市场需求的产品，使得诺基亚在中国市场的份额逐渐萎缩。最终，诺基亚将其手机业务出售给微软。

赛门铁克曾经是网络安全领域的领导者，但随着云计算和移动互联网的发展，传统的网络安全市场逐渐萎缩。尽管赛门铁克曾经努力进行市场转型和技术创新，但由于过分依赖自己的技术和品牌优势，最终未能挽回其市场地位下滑的局面。

问题梳理：客户数量、收入、利润、市值都停滞增长

企业增长停滞的最明显表现是客户数量、收入、利润和市值的增长速度明显放缓或停滞，这将直接关系到企业竞争力的提升与股东价值的创造。其中客户数量的增长停滞代表企业市场拓展能力的下降，收入与利润的增长停滞意味着企业主营业务的盈利能力出现问题，市值的增长停滞则反映出资本市场对企业发展前景与竞争力的悲观预期。这四个方面互为影响与制约，其中任一方面的增长停滞都将影响其他方面甚至最终拖累企业

的整体发展。因此，企业管理层必须密切关注客户数量、收入、利润与市值的增长态势，一旦出现明显放缓或下滑迹象，须及时诊断企业发展中存在的深层次问题，并制定有效措施加以调整与改善。

☞客户数量增长停滞及其原因分析

客户数量的增长停滞是企业增长停滞的首要表现之一，它直接反映出企业市场拓展能力与竞争力的下降，预示着企业发展前景的不确定性。

企业要成长必须不断获取新客户。新客户数量增长代表企业的市场份额在扩大、竞争优势在加强。但是客户数量增长的停滞将意味着企业的市场拓展速度下降，市场占有率面临下滑压力，无法继续通过市场拓展来实现收入与利润的持续增长，这将直接影响企业的发展潜力与前景。

客户数量增长停滞的原因主要有以下四个方面：

第一，产品或服务无法满足客户需求。企业的产品或服务无法持续带来良好的客户体验，无法解决客户的新需求与痛点，导致客户黏性下降，新客户开发速度放慢。这可能是因为产品迭代创新跟不上行业变化步伐，或服务水平出现了下滑。

第二，市场环境变化，竞争加剧。市场规则与格局的变化使企业原有的竞争优势被削弱，产品与服务面临更强劲的替代威胁，难以继续快速拓展市场，获取新客户。

第三，市场部门的问题。如果企业市场部门的组织架构、管理水平与执行能力无法适应公司业务的扩张，市场拓展计划难以有效落实，市场资源难以高效运用，这也会导致新客户开发速度的放缓，形成客户数量增长的停滞。

第四，公司其他方面的问题。公司其他方面的变化也可能导致客户数量增长停滞。如战略转型过程中的产品结构调整，或重大利润如主营业务的关键盈利指标净收入、毛利润和营业利润下滑导致市场预算缩减等，这些都可能直接或间接地影响市场拓展计划的实施、限制新客户群的获取。

无论原因如何，客户数量增长的停滞都需要引起企业管理层的高度重视。他们须及时分析企业与市场的变化，准确判断停滞成因，并制定有针对性的策略进行调整。如创新产品与服务提高客户体验，重塑企业竞争优势，加大市场投入重新定义市场拓展计划，或是组织结构调整强化市场部门等。

只有解决客户数量增长停滞的根本问题，企业才有可能重塑发展势头，恢复市场份额的扩张，继续维持收入与利润的可持续增长。客户数量的变化趋势是检验企业市场竞争力的重要标尺，其停滞预示着企业将面临越来越大的发展阻力，这必将影响企业的整体竞争力乃至生存发展。

☞ 收入增长停滞及其原因分析

收入增长停滞也是企业增长停滞的重要表现之一。企业的收入来自产品与服务的销售，收入的增加代表产销规模的扩大和业绩的提高。而当收入增长速度出现明显放缓或停滞乃至下降时，便预示着企业主营业务面临产销下滑的压力，盈利增长动力与潜力开始下降。

收入增长停滞的直接后果是企业的现金流入减速，这将影响公司生产经营的资金链，限制企业的发展投入与潜在投资，对企业的偿债能力与运营安全构成威胁。同时，收入增长的停滞也意味着企业的主营业务出现增长瓶颈，无法带来新增利润，这将拖累企业的整体业绩增长。

收入增长停滞的原因主要体现在以下四个方面：

第一，市场环境变化与竞争加剧是收入增长停滞的重要原因。当行业规则与市场格局发生变化，竞争对手的产品或服务获得优势，企业的市场份额、价格实力面临下滑压力时，其产品销量与价格水平都难以实现增长，这将直接导致收入增速放缓甚至停滞。

第二，产品与服务结构失衡也是造成企业收入增长停滞的原因之一。如果企业的产品结构单一，某单项产品的销售出现问题而其他产品又无法填补，这必然会影响企业整体收入水平的提高。

第三，销售政策过于保守和销售网络覆盖不足也会导致收入增长乏力。如果企业采取过于保守的销售策略，难以根据市场变化进行及时调整，或者销售网络覆盖面不足，那么就无法最大限度地换取产能与市场份额，这都将成为限制收入增长的因素。

第四，成本控制不力也会加大收入增长的压力。当企业的生产成本或运营成本上升过快，利润空间被压缩，便会限制企业在价格策略上的调整与灵活性，加大实现收入增长的难度。要明白的是，成本控制是保证企业最大化收入与利润的基础，因此需要管理层给予高度重视。

无论原因何在，收入增长停滞都需要管理层高度重视并采取有针对性的措施。如调整产品与服务结构，优化销售政策以激发业绩杠杆，拓宽销售渠道以开拓新市场，或是降本增效提高单品利润率与毛利率等，这些措施可以帮助企业重建收入增长动力，恢复营运的安全与发展活力。收入的持续稳定增长是企业追求长期竞争优势最基本也是最重要的因素，其停滞将是企业发展衰退的重要信号，因此必须引起重视。

☞**利润增长停滞及其原因分析**

利润增长停滞是企业增长面临困境的重要信号。利润是企业经营业绩的最终体现，利润的增加代表企业盈利能力的提高和发展活力的增强。然而，当企业利润增速出现明显放缓甚至停滞时，代表企业的主营业务面临盈利增长瓶颈，预示着企业竞争实力可能下降和发展动能的减退。

利润增长的停滞首先意味着企业盈利来源和盈利模式面临一定的问

题，难以继续带来新的利润增量；其次也意味着企业的成长潜力下降，现有业务和产品难以形成新的增长点；最后也可能意味着企业的市场竞争力面临一定的下滑，利润率水平难以进一步提高甚至出现向下的趋势。

利润增长停滞的原因主要体现在以下四个方面：

第一，产品与服务结构单一，使企业的盈利来源较为集中，增长渠道面临限制，难以形成新的利润增长点。

第二，成本控制出现问题，各项成本费用的上升速度超过营业收入的增加，利润率水平面临下降压力。

第三，市场竞争加剧，产品与价格的竞争力下降，市场份额缩减，导致营业收入增长乏力，难以提高利润率水平。

第四，公司发展战略与市场计划的变更也会对利润产生一定的影响。如战略转型期的产业结构调整、市场布局的变更等，都有可能使企业的主营业务和利润模式面临一定的调整，给利润增长带来阻力。

利润增长的停滞需要管理层高度重视和及时化解，不仅要做到从产品与服务多元化、成本优化控制、市场竞争力提升等多角度入手，形成新的盈利来源和利润增长点，重建竞争优势和盈利动能，还要做到弥补产品与业务的短板，提高企业的抗风险能力和可持续发展能力。持续、稳定的利润增长是企业健康发展的基石，利润增长停滞意味着企业发展面临一定的瓶颈和阻力，必须引起管理层的高度警惕与重视。

☞**市值增长停滞及其原因分析**

市值增长停滞是企业发展出现问题的重要信号。市值的变化反映出资本市场对企业未来发展前景的判断与预期。市值持续稳定增长表明资本市场对企业发展前景和竞争实力持乐观态度，这将有利于企业融资与发展。而市值增长的停滞或下滑则显示资本市场对企业的担忧与质疑，预示着企业发展存在潜在的风险与阻力。

市值增长停滞的直接影响是使企业的融资环境面临一定困难，股东与投资者的信心动摇，从而加大企业运营资金的压力，限制企业的发展与投资规模，甚至影响企业的偿债能力。同时，市值的下滑也意味着对企业的发展质疑声正在蔓延，市场担忧企业主营业务受到挑战，现有的竞争实力难以支撑未来的发展，这无疑增加了企业管理层的难度与挑战。

造成市值增长停滞，可能源于行业景气度下滑、市场前景受阻；或者源于企业近期的经营业绩下滑，经营质量遭到市场质疑，难以提振市场信心与市值水平；也可能是因为公司发展战略产生较大调整，业务重心与模式面临较大变更等。除此之外，以下五个方面的原因也不容忽视：

第一，企业治理机制不完善，信息披露质量较低，难以建立市场信任，这将增加市场对企业未来发展的不确定性，削弱市场信心与市值水平。

第二，企业品牌影响力较弱，在资本市场上缺乏足够的认知度与美誉度，难以获得市场资源与青睐，这也将在一定程度上限制市值水平的提高。

第三，管理层的经验与能力难以满足企业发展需要，治理水平与策略操盘能力较弱，这使得未来发展存在较大的不确定性，也加大了市场担忧的情绪，不利于市值的稳定提高。

第四，企业股权结构较为分散且不稳定，大股东的支持与引导作用较弱，这也给市场判断公司发展前景带来一定难度，对市值水平产生影响。

第五，企业业绩的波动性较大，缺乏持续稳定的增长态势，这也增加了市场对未来发展的不确定预期，不利于市值的持续增长。

市值增长的停滞需要管理层高度重视，并采取措施稳定市场信心与提振股价。需要加强企业治理与信息披露工作，提高业绩的透明度与可预测性；需要通过产品与业绩的创新来重塑企业成长性，打消市场担忧；需要在战略调整后加大市场宣传与沟通工作，消除市场的疑虑与不确定性。股价与市值的稳步提高需要管理层与资本市场的互动与合作，也需要企业自身基本面的改善与增强。持续健康的市值增长有利于企业融资与发展，其停滞将成为企业面临的重要威胁，这需要引起企业高层的足够重视。

战略因素：自我高估、管理失效、放弃核心业务、人才匮乏

企业管理层对市场环境与企业自身状况的准确判断、企业内部创新资源与创新要素的有效整合、企业在市场环境变化中快速而准确的业务调整、企业人才战略的软实力积累等，是制约企业获得长期竞争优势的关键因素。如果企业在这四个方面的任何一个环节出现问题，都可能导致企业战略偏差或失效，使企业难以在激烈的市场竞争中掌握主导权，从而导致企业的发展面临较大困境。

☞ **高估企业优势地位的原因分析**

高估企业在行业与市场中的优势地位，会使企业管理层对市场环境的变化作出错误判断，难以及时调整企业的发展方向与竞争策略，这将对企业的长期发展产生较大影响与威胁。

企业管理层高估企业自身优势地位的原因主要有以下四个方面：

第一，企业长期处于行业的领先地位，市场份额占主导，形成了管理

层自我感觉良好的心理预期，认为企业在行业与市场中的主导作用将长期持续，从而使得管理层在判断市场变化时存在自我满足的心理，难以保持足够的警惕性与敏锐度。

第二，企业内部反馈信息的不足也是造成企业被高估的重要原因。企业内部人员出于维护企业形象或个人利益考虑，向管理层提供的信息可能过于乐观，难以客观准确地反映市场环境的变化，这使得企业管理层在信息不对称的情况下作出有较大偏差的判断。

第三，企业高层长期位居主导地位，也容易形成骄傲自大与保守的思维定式。在这样的情况下，企业高层可能会忽视外部环境与市场的变化，过于注重企业在行业中的地位，难以洞察环境变化带来的机会与威胁，从而妨碍管理层作出清醒准确的战略判断。

第四，企业可能建立的市场信息收集机制不完善，市场研究与竞争分析做得不够充分。市场信息的匮乏或不准确使得管理层无法全面准确地判断市场变化态势，不仅难以发现企业产品与服务的短板，也难以准确洞察竞争对手的战略变化，这为高估企业优势地位创造了条件。

市场环境的变化是客观存在的，如果企业管理层高估企业在市场中的主导作用，难以及时作出判断与调整，这将使企业的产品与服务脱离市场需求，营销策略难以奏效，技术水平难以持续进步。同时消费者的品牌忠诚度也将开始下降，市场份额逐渐流失，产业链上下游的合作伙伴也开始寻求新的战略选择。这势必对企业的收入与利润产生较大影响，竞争实力削弱，企业的优势地位加速瓦解。

因此，企业管理层需要保持战略定力与判断的清醒，要时刻关注市场环境的变化，不能过于高估企业自身在市场中的主导作用。首先，需要通过市场研究来了解行业发展动向和客户需求的变化，加强同产业链相关企业的交流与合作，收集行业内的信息与判断。其次，需要建立健全的竞争者分析机制，追踪主要竞争对手的动态，发现自身的短板与不足。只有深入理解市场环境与竞争态势的变化，才能及时调整企业的战略方向，巩固自身在市场中的优势地位，确保企业的长期竞争力与发展潜力。

☞ **创新管理失败的原因分析**

创新管理的失败也是企业增长停滞的重要战略因素。在市场环境日益复杂与变化的今天，企业只有持续推动业务与产品的创新，才能打开新的利润增长点，保持竞争优势与活力。

创新管理失败的原因主要体现在以下四个方面：

第一，企业创新投入不足，这是导致创新管理失败的最直接原因。研发投入少，新产品开发动力不足，难以满足市场与技术变化的需要，这必然会使企业创新活力下降，创新成果难以产出。

第二，企业创新机制不完善，使得创新管理难以有序开展，新产品研发流程难以顺利进行，创新、创意也难以有效落地转化，最终导致创新成效减退。缺乏完整的技术路线和产品开发流程，也使得企业在新产品研发上难以形成持续的优势。

第三，企业文化氛围不利于创新，这会抑制企业内在创新潜能的释放，员工缺乏积极性与主动性参与创新活动，创新、创意难以在企业内广泛产生和交流，这也是阻碍企业创新管理的重要因素。

第四，人才结构的不合理也会导致企业创新管理的失败。创新人才严重缺乏，技术和管理人才难以发挥综合配合作用，也使得企业自身创新基础较为薄弱，新的产品与技术难以持续推出，创新成果的产出速度也难以满足市场需要。

创新管理的失败使企业难以感知科技变化与产业革命带来的机遇，难以优化资源配置与产业结构，从而使企业的产品与技术在市场上占据的主导地位持续下滑，消费者的忠诚度与黏性降低，企业未来的竞争优势也逐渐减弱。同时，创新活力的丧失也削弱了企业吸引高素质人才与技术人员的能力，这进一步制约了企业发展的潜力与速度。

因此，企业要重视创新管理，健全企业创新体系，加大研发投入，鼓励技术创新与业务模式创新。这不仅需要构建完整的产品开发流程与机制，加速新产品上市的速度与数量，还需要建立开放的企业文化，倡导创新精神，鼓励员工参与创新活动，释放企业内在的创新潜能。只有持续推动产品与技术的创新，加快产业结构升级，企业才能在激烈的市场竞争中保持优势，重获发展的活力与动能。

☞ **过早放弃核心业务的原因分析**

过早放弃核心业务也是造成企业增长停滞的重要原因之一。企业的核心业务是企业生存与发展的基石，也是企业在市场上建立影响力与获得收益的主要来源。如果企业过早放弃核心业务，未在积累足够竞争力与市场认可度的基础上进行业务转型，将会大大削弱企业的竞争力与发展潜力。

总的来说，企业过早放弃核心业务的原因主要有以下四个：

第一，企业管理层在判断市场变化上有所偏差，过于高估某一业务领域的发展潜力，而忽视现有核心业务的竞争优势与市场潜力，这使得企业在未充分分析市场的情况下就决定进行新的业务转型，从而造成企业过早放弃核心业务。

第二，企业管理层追求变革与成果，急于进行业务调整与变革。在这种心态驱使下，企业可能在未经过深入思考的情况下，就急于寻找新的业务增长点或可能的转型方向，从而导致对现有业务的过早放弃。

第三，企业发展战略的短期性也是影响因素之一。企业过于注重短期内的业绩表现，而忽视业务与产业的长期发展潜力，使得企业在短期内获得新业务的收益从而过早地放弃现有的核心业务，这显然是短期利益驱动下的决定，不利于企业长期竞争力的形成。

第四，企业内部沟通与决策机制出现障碍，也是造成企业过早放弃核心业务的原因。高层之间或不同部门之间在业务发展方向与定位上难以达成有效共识，存在较大分歧，使得业务决策过程日益复杂。此时为避免内部矛盾过早放弃核心业务可能被提上日程，这势必影响判断的准确性。

企业的核心业务是在企业的发展历程中形成的，具有较强的市场定位与品牌影响力，也是企业主要的利润贡献来源。这为企业在行业与市场上获得较高的知名度与美誉度奠定了基础，并且这需要较长时间的经营与积累才能形成，具有较高的进入壁垒。如果企业在未进行深入判断的情况下，或在未积累足够竞争实力的基础上就过早地放弃核心业务，进行新的业务转型，这必将使得企业在新的业务领域难以迅速获得市场认可和较高的竞争地位，原有的品牌影响力与知名度也难以发挥较大作用。同时，企业过早退出核心业务也会造成产业链的重大调整，影响上下游企业的发展，这也将给企业转型后的发展带来一定难度，增加市场的不确定性。而企业在新业务上的投入与布局也需要较长时期方能产生较好收益，这势必对企业的短期业绩产生较大冲击，使得企业的整体实力与竞争地位持续减弱，难以实现新的市场作为，使发展与转型陷入停滞。

因此，企业应该在现有核心业务的基础上持续积累与加强竞争实力，充分发挥核心业务的竞争优势，并在此基础上寻求新的转型或拓展机会。要对新的业务领域与模式进行深入分析研究，选择与现有业务相互补充的发展方向，在转型后能够实现资源与能力的最大化利用，最终实现新的市场定位与竞争地位。只有在现有业务的支撑下进行新的业务拓展，企业才能实现平稳有序的转型，避免发展的断层与停滞，保持长期较强的竞争活力。

☞ **人才储备匮乏的原因分析**

人才储备的匮乏也是导致企业增长停滞的重要原因。人才是推动企业发展的第一推动力，在市场环境日益复杂与科技日新月异的今天，企业发展的速度与潜力越来越依赖于人才的积累与引进。如果人才储备无法满足企业发展需求，这必定会制约企业创新与转型的步伐，难以持续获得竞争优势，发展势必陷入停滞。

企业人才储备匮乏的原因主要体现在以下四个方面：

第一，人才引进机制不完善。企业没有建立系统的人才招聘渠道和引进机制，在人才市场上难以发掘和吸引高素质人才，这是造成人才匮乏的最直接原因。

第二，企业工资福利制度不完善，削弱了企业吸引人才与留住人才的竞争力，难以在人才争夺战中处于有利地位，导致人才流失加剧，储备难以形成。

第三，企业内部的人才培养体系不完备。企业没有系统的人才培养机制和职业发展体系，员工缺乏详细的职业生涯规划与发展路径，使得企业无法及时发现并有针对性地培养人才，内部人才储备也难以通过自身的培养积累形成。

第四，企业文化氛围相对封闭，这阻碍了外部人才的引进与内部人才的脱颖而出。在较为封闭的文化环境下，人才的创新潜能难以得到充分释放，优秀人才也难以在企业内部产生与成长，企业人才结构的优化难以实现，人才储备的匮乏势必会持续存在。

人才短缺使得企业在推动业务发展与产品创新上难以获得持续动力，创意与设计的产出也难以满足需要，使得企业难以找到新的利润增长点或新兴业务领域，现有业务的竞争力也难以进一步提高，发展开始丧失活力。同时，人才资源的短缺也削弱了企业在行业与市场上的影响力，使企业难以成为人才与技术人员追求发展的首选品牌，这又进一步加大了企业人才吸引与留存的难度。

企业需要高素质的人才来推动发展战略的执行，不仅需要各领域的专业人才来满足不同业务与职能的需要，还需要管理人才来发挥企业内在的创新潜力与协作能力。因此，企业应该将人才资源的储备与管理作为企业发展的重要战略之一。比如建立人才机制，广泛吸引人才，提供发展平台，培养现有人才，以形成人才基石，为发展提供动力，获得持续优势，营造开放包容的企业文化等。这将有利于企业形成强大的人才基石，为发展注入活力，推动企业持续获得竞争优势与发展潜力。

思想根源：导致企业增长停滞的非裂变思维方式分析

导致企业增长停滞的非裂变思维方式有线性思维、稳定思维、资源依赖思维、规模思维、部门思维、局限思维、成本思维、结果思维、模拟思维、保守思维、满足思维、急功近利思维、完美思维等，这些思维都会对企业产生负面影响。所以，要真正实现增长，就要转变思维方式。这需要企业全员参与，形成新型的企业共识和文化。

☞导致企业增长停滞的各种非裂变思维方式

线性思维：企业管理层认为企业发展是一个线性的增长过程，忽视了市场环境与技术变化带来的不确定因素，这会使企业战略出现误判，难以应对环境变化，出现增长停滞。

稳定思维：企业过于注重稳定，害怕变革与创新，缺乏进取心态，这会使企业产品与业务逐渐失去活力，发展慢于市场变化步伐，竞争优势下降，增长停滞。

资源依赖思维：企业过于依赖特定资源，使得企业发展过于重视资源的积累而忽视能力的提高与资源的最佳组合，难以实现产业升级与业务创新，发展动力难以持续，容易陷入增长停滞。

规模思维：企业过于追求企业规模的不断扩大，而忽视了资源与管理的配比问题，这会使得企业的组织效率下降，资源难以发挥最大效用，发展质量下降，无法形成竞争优势，让增长停滞。

部门思维：企业各部门之间的壁垒太高，部门利益过于突出，使得企业难以形成协同与一体化，资源与信息难以有效共享，创新无法产生与转化，组织活力下降，增长停滞。

局限思维：企业过于关注内部，忽视外部环境的变化，使得企业难以准确判断市场发展方向，战略定位出现偏差，产品与服务不能满足客户需求，发展异化，增长停滞。

成本思维：企业过于注重成本控制而忽视价值创造，这使得企业难以进行高投入的创新与研发，新的利润增长点难以开发，现有业务的竞争力也难以进一步提高，发展动力减退，增长停滞。

结果思维：企业过于注重短期业绩与利润，使得企业忽视长期发展与竞争力的积累，难以进行战略性投入，发展方向也易受短期利益的影响，战略定力难以形成，发展难以持续，增长停滞。

模拟思维：企业过于模仿其他企业的发展路径，忽视自身的资源与优势差异，使得企业难以发挥自己的特色与核心优势，战略定位和发展方向也可能出现较大偏差，发展质量下降，竞争力降低，增长停滞。

保守思维：企业管理层思维过于保守，不善于接纳新观念与新方法，使得企业难以进行管理创新与业务变革，现有竞争优势难以持续更新，市场主导地位也容易被颠覆，增长停滞。

满足思维：企业管理层和员工对现状过于满足，缺乏进取心与改进动力，使得企业难以持续提高发展质量与管理水平，现有业务和产品难以持续优化，市场份额也难以扩大，增长停滞。

急功近利思维：企业管理层过于注重眼前利益，忽视长期发展，使得企业难以进行战略投入与布局，资源不利于高端要素的积累，核心竞争力难以形成，发展动力难以持续，增长停滞。

完美思维：企业追求每步都达到最理想状态，使得企业在发展过程中过于强调完美而忽视速度，产品推出周期延长，难以抓住市场机会，发展速度减慢，市场竞争优势下降，增长停滞。

上述这些思维明显不利于企业应对市场变化与提高发展质量，必然会阻碍企业革新与进步，导致企业竞争优势下降，发展动力减退，最终陷入增长停滞。企业亟须建立裂变思维，以保证企业积极变革，应对变化，实现增长。

☞ 企业缺乏裂变思维的原因分析

企业缺乏裂变思维的原因主要体现在以下三个方面：

第一，企业管理层自身思维定式保守，这是企业缺乏裂变思维最关键的原因。具体包括：

缺乏全局视角。管理层思维局限于企业内部与眼前利益，没有形成系统的行业视角与长期发展眼光，难以准确判断环境变化对企业的影响，也难以制定长远的发展战略。

唯经验论。管理层易受某种思维模式或成功经验的制约，缺乏开放、灵活等的思维方式，难以进行跨界创新与变革。管理层依赖特定的成功经验与案例，没有形成理论体系的思维，难以对事件与问题进行深入分析，也难以进行原理性的判断与决策。

重结果轻过程。管理层过于注重眼前业绩与利润，忽视长期发展与过程管理，难以进行战略性投入与布局，不利于核心竞争力的积累。

重稳定轻变化。管理层对变革持警觉与抵触态度，过于追求企业发展的稳定性，缺乏变革的勇气与决心，难以进行战略变革与管理创新。

第二，企业内部沟通机制不畅，这也是企业缺乏裂变思维的重要原因。主要体现在：

信息难以有效共享。不同部门与层级之间难以进行全面准确的信息交流，使得各部门无法准确把握企业发展的全貌，也难以实现资源与能力的有效整合，阻碍协同创新。

思想难以实现有效碰撞。企业内部缺乏促进不同观点与思想碰撞的平台与机制，使得创新思维难以产生，也难以形成跨部门与跨层级的思想融合，不利于管理创新。

内部合作机制不完善。企业内部各部门博弈与隔阂严重，合作机制不健全，使得部门难以为企业整体目标而互相协作，从而难以形成资源的有效整合和跨部门的协作创新。

沟通渠道单一。企业主要依靠正式会议与报告进行管理沟通，缺乏日常化的思想交流与互动，使得人员间难以进行思想沟通，无法形成开放、包容的思想氛围，不利于创新思维的互动与碰撞。

重稳定轻变革。企业过于注重发展的稳定性而忽视变革的必要性，这使得企业难以进行战略性变革与重塑，现状依赖严重，不利于裂变思维的推动与应用。

重规则轻创新。企业过于遵循规定，思想和行为僵化，严重阻碍了裂变思维的产生使得企业难以跳出既定框架进行突破与创新。

重统一轻差异。企业过于强调思想的一致性与行动的统一性，没有形成包容与理解差异的文化基因，使得非主流思想难以被接纳，也难以产生真正意义上的思维碰撞，不利于裂变思维的形成。

重结果轻过程。考核过于注重业绩与结果而忽视工作过程与创新意图，使得企业员工不仅难以进行战略性创新与布局，也难以总结创新带来的错误与失败，不利于裂变思维的培育。

第三，企业的人才结构较为单一，也是企业缺乏裂变思维的重要原因。主要体现在：

行业与专业背景单一。企业人才大多来自同一学科、行业及专业背景，思维定式雷同，使得企业既难以在认知与思维模式上实现突破，也难以对事件与环境变化进行跨界判断，不利于裂变思维的引入。

职业生涯路径单一。企业的人才培养与职业生涯规划较为定式，使人才难以在多角度体验企业发展，思维也难以实现跨部门的变化与提高，不利于裂变思维的培育。

人才交流渠道单一。企业主要通过形式化的人才培训与发展来提高人才的综合能力，缺乏日常的思想互动与碰撞，使得人才难以实现高频与广域的交流互动，也难以在自由激烈的思想碰撞中产生真正的裂变。

复合型与高端人才严重匮乏。企业难以吸引和留住复合型与高端人才，使得企业在战略高度、技术深度及管理广度上均难以得到有效提高，也难以进行跨界思维创新，从而阻碍企业获得裂变思维。

第二章

裂变思维：爆发增长的新思维

裂变思维是一种全新的认知模式，以全局、动态和关联的方式深刻理解企业及环境，重视规则的突破和理念的重塑，推动管理创新和组织变革。构建这种全新的认知模式和思维框架，是企业实现爆发式增长的思维基础。因此，企业管理者有必要了解裂变思维的一般性特征、实践运作模式，遵循基本原则，把握裂变活动要素，并注重培养裂变式创新的突破思维。

【典型案例】

　　TikTok（抖音）是一款基于短视频分享的社交应用软件，用户可以通过快速制作和分享短视频，与其他用户互动和社交。TikTok通过裂变思维，将用户的社交行为和用户体验完美结合，让用户分享和传播成为一种习惯和生活方式，实现了指数级的增长。截至2021年，TikTok已经成为全球最受欢迎的社交应用之一，拥有数十亿用户。

　　Dropbox（多宝箱）是一款基于云存储的文件同步和分享的应用软件，用户可以将文件上传到云端，与其他用户共享和同步。Dropbox通过邀请好友注册并使用，让用户获得更多的免费存储空间，同时也让Dropbox的用户规模快速增长。正是通过裂变思维，将用户的社交行为和用户需求完美结合，让用户分享和传播成了一种习惯和生活方式，Dropbox实现了指数级增长。

裂变思维及其一般性特征

　　裂变思维不仅能让人的思维轻松"飞"起来，而且还会带给人更多、更好甚至超越期望和想象的收获，其威力不容小觑，但它却易学、易用，可以广泛应用于学习、创业、营销等各个领域和行业。

　　☞**裂变思维的定义及概念的内涵与外延**

　　所谓裂变思维，是指在思考和解决问题时，不受已知的或现成的方式、规则和范畴的约束，从一个问题的中心点向外发散，进行多方向、多角度、多层次的思维活动。

例如：沙蚤亦称沙跳虾、滩蚤或滩跳虾，生活在海滩上，其习性是在涨潮时，从沙滩里钻出来，在海水中觅食，落潮时就钻入沙滩里。某人在海水落潮时，模仿海水涨潮的声音，结果捕捉到了大量沙蚤。这个人并没有按照沙蚤涨潮时钻出、退潮时钻入的固有习性去思考，说明他不受已知的或现成的方式、规则和范畴的约束；通过"沙蚤在涨潮时钻出"这个点发散思维，想到海水的声音会吸引沙蚤，于是他便模仿海水涨潮的声音，结果沙蚤果然从沙滩里钻出，他便如愿以偿了。

裂变思维的内涵是一种开放、前瞻的思维方式，其实质是一种全新的认知模式和思维框架。它跳出了传统的线性思维的定式，采用更加开放和动态的思维方式，能够对企业及其外部环境进行更全面和更深入的理解。具体而言，裂变思维以整体、全局和系统的方式认知企业及其外部环境，首先，超越部门、区域的界限，避免孤立和片面的思考方式；其次，裂变思维超越了简单线性的因果思维，注重发现事物之间的多层次关联；再次，裂变思维摒除静止不变的思维定式，养成敏锐的变化意识；最后，裂变思维重视现状的突破和规则的颠覆，不受既有成功经验的限制，敢于进行思想的突破和理念的重塑。这需要企业文化鼓励非主流思想的提出和新规则的探索。

对于存在增长停滞瓶颈的企业来说，裂变思维的实践作用体现在战略高度、业务模式、组织机制、学习能力、人才优势及企业文化等方面。

战略上，具有裂变思维的企业能够准确地把握环境变化的趋势，提出远大的发展战略和使命。这有利于企业实现战略跃升，在行业内取得主导地位。

业务上，裂变思维可以推动企业对现有业务模式进行重大创新与重构，开拓全新业务领域，实现跨界发展。这有利于企业快速适应市场变化，抢占新的竞争优势。

组织上，裂变思维可以推动企业对组织结构与管理机制进行颠覆性变革，实现管理模式的创新与重塑。这有利于激发企业活力，释放企业内在潜力，实现管理的变革与升级。

学习上，具有裂变思维的企业重视与外部环境的互动学习，注重对非主流思想与前沿理论的吸收。这可以不断丰富企业的知识结构，拓宽认知视角，有利于战略与决策的创新。

人才方面，裂变思维可以吸引和培养具有开放心智与变革精神的人才，特别是高端复合型人才。这可以为企业带来新的发展动力，推动管理创新与变革，提高企业核心竞争力。

企业文化方面，裂变思维可以推动企业文化向包容开放、重视变革与创新的方向转变。这有利于营造企业内部激进的思想碰撞与知识交流氛围，释放员工的聪明才智，推动管理变革与业务创新。

☞ 裂变思维一般性特征

裂变思维的一般特征可以概括为：开放超越原有思维定式，广泛关联不同要素，实现规则重构与模式创新。

第一，裂变思维的显著特征是开放超越原有思维定式与框架。具体而言，就是跳出传统的线性思维方式，采取更加开放、动态和系统的思维模式，对企业及其外部环境进行更加全面深入的理解；超越既定的认知框架和固化的思维路径，进行思维的解放和重组，整合不同的观点与角度，发现问题本质与深层原因；突破部门、专业领域的界限，进行跨界与融合式思考，发现不同要素间的内在关联，实现理念与知识的碰撞融合；不受既有成功经验和规则的约束，敢于打破现状、颠覆常规，提出全新的理念与观点，进行规则重构和模式创新；重视环境变化与趋势的把握，不断更新和丰富知识结构，拓宽认知视野，以更加开放和前沿的姿态审视企业发展；鼓励非主流观点的提出和多元思想的交流碰撞，构建开放包容的环境氛围，实现思想的解放和理念的重塑。

第二，裂变思维的重要特征是广泛关联不同要素，实现连接扩散与融合。具体而言，就是采取系统与关联的思维模式，关注不同要素之间的相互影响和内在联系，理解事物发展的复杂性与动态性；跨越专业、部门的界限，实现不同领域知识的融合，揭示问题的底层面目与本质；重视微观与宏观要素的关联，理解整体环境的演变如何影响企业，以及企业内各要素之间的相互作用；关注新兴技术、新业态与新需求等前沿要素之间的内在融合，发现新的机遇与发展空间；在广泛吸收信息的基础上，进行跨界思维，实现理念与知识的碰撞融合，产生崭新的理念与创意；借助各种工具手段实现信息的快速关联与知识的有效融合，形成系统性的认知与洞察视角。

第三，裂变思维的核心特征是实现规则重构与模式创新，并且这种新规则与新模式可以复制。具体而言，就是挑战和突破现状，对既存规则、路径依赖进行突破和颠覆；对企业战略、业务模式、组织机制等进行根本性的重构和革新设计；改变行业游戏规则，重塑竞争秩序和市场格局，实现突破性发展。这需要高度的战略定力和在变革中抢占先机的勇气；产生崭新的管理理念、经营模式与商业模式，打开企业新的增长空间；重新定义企业发展道路，实现跨越发展与颠覆式增长；营造激进的创新环境，鼓励高风险的探索与实验，容忍失败，崇尚创新；培养具有强烈变革意识和创新精神的人才队伍。

裂变思维的主要思维模式

裂变思维的思维模式为企业实施裂变提供了重要参考，需要相关的意识、心态与能力加以支撑。总的来说，裂变思维主要包括以下八种模式，其应用可以产生颠覆性的影响，实现企业的跨越式发展。

☞ 模式重构模式

通过重新定义问题、改变条件和框架、颠覆原有模式等手段，创造出解决问题的新思路。如此问题的框架和解释就不再是固定的，有助于重新组织事物之间的关系，打开新的思考方式。这是裂变思维的重要组成部分，是裂变思维的一种有效方式。典型案例是苹果的破局创新。模式重构需要企业具备变革意识与创新精神。

☞ 融合创新模式

通过将不同领域的概念、技术融合产生新的想法，是裂变思维的重要组成部分。具体来说，收集不同领域的新概念、理论和技术，构建一个概念库；查找不同概念之间的关联性、匹配性，找到融合的点；将匹配的概念融合在一起，产生新的概念和理解；验证新概念的可行性和应用潜力；将新概念应用到实际问题和场景中来解决问题。典型的例子是麦当劳结合汽车生产线的跨领域融合模式，产生了创新。融合创新需要管理和创造性两种能力。管理能力可帮助企业系统地收集和整理不同领域的概念；创造性思维为找到隐藏的匹配点和融合点提供基础。

☞逆向思维模式

逆向思维是裂变思维的另一种有效模式，它能让我们跳出常规的线性思维和因果逻辑，找回问题的本源和本质，进而获得新的视角和思路。逆向思维模式具体包括：将问题的因果关系颠倒过来，获得新的逻辑；试着从结果出发倒推，而非从起因开始；将问题的各个方面颠倒过来思考；分析事物的相反动机；从理想结果出发，逆向设计过程。典型案例是马斯克的特斯拉。逆向思维需要当事者有跳出既定思维的勇气与独特眼界。

☞场景构想模式

场景构想模式是裂变思维的一个重要模式，就是它通过构建相关的场景情景来获得新理解和新思路。具体来说，就是明确想要获得的新理解或新思路；基于问题背景，构建与问题相关的情景场景；为场景中的各个角色和对象添加细节，形成一个完整的场景；通过详细的场景，产生新的联想和感悟；从联想中提取新的理解或者想法；验证新的理解和想法的应用价值。典型案例是英特尔的摩尔定律。场景构想模式通过构建情景和细节的方式，有助于产生新联想和新洞察，是裂变思维中的重要模式。

☞多边形模式

多边形模式是通过提出多个方案和路径来全面解决问题。多边形模式具体包括：不受个人喜好影响，探讨所有可能的方案；根据不同的条件和假设，提出多个不同的方案；考虑从不同方面和路径来实现目标；对个同方案进行客观比较，分析优缺点；综合运用多个方案，形成最完整的解决方案。典型案例是阿里巴巴与各方的强强联合。要注意的是多边形模式需要有度量全局的眼光和灵活多变的思维。

☞模拟推演模式

模拟推演模式是裂变思维的一个重要模式，它通过模拟和推演的方式获得新思路。具体来说，模拟推演模式包括以下内容：基于问题背景，设置模拟的场景和参与者；添加模拟过程中可能出现的变量、条件和事件；在心理上进行模拟推演，考虑可能出现的各种情况；根据模拟结果收集新的理解和思路；选取模拟出的最优解决方案。总之，通过在心理上模拟推演问题涉及的各个角色、变量和情景等，可以获得全方位的洞察。典型案例是谷歌的收购策略。需要了解的是，模拟推演需要具备系统思维与定量分析的能力。

☞ 突破瓶颈模式

突破瓶颈模式是裂变思维的一个重要模式，它通过淡化现有框架、激活创新等方式解决困境。具体来说，突破瓶颈模式包括：减少现有思维模式和框架的影响，放松控制；运用联想、联结、想象力来重新组合事物；探索一些被忽略的重要变量；超越常规限制和想法，寻找非传统方式；导入外部元素，如新的概念和技术作为突破口；考虑系统中可能存在的非线性变化；激发新的动机和目标，带来新的视角；利用系统的不确定性创造变化。典型案例是苹果的产品创新。要明白的是突破瓶颈模式需要敏锐的市场洞察力与超前的产品理念。

☞ 零和博弈模式

零和博弈模式是一种裂变思维模式，它通过扩大博弈范围和重新定义博弈规则来获得"非零和"的结果。具体来说，零和游戏是将博弈看作整个系统或链条中的一环，考虑更广泛的利益相关者；修改或添加博弈规则，使双方利益可以整合；在新的博弈框架下寻找"双赢"或"多赢"的方案；结合各方需求，设计出新的产品或方案；通过互利合作关系达成共赢。典型案例是阿里巴巴的"双十一"。要知道的是，零和博弈模式需要企业具备非凡的战略定力与在市场变革中抢占先机的勇气。

裂变思维应遵循的基本原则

裂变思维强调以非直观、非常规的方式来理解问题和找到解决问题的方案。裂变思维要产生深刻影响，必须遵循一些原则，以实现理论与实践的有机结合。这些原则主要包括如下：

☞**开放性原则**

要兼容并包，接受不同观点，打破思维定式，超越既有框架，拓宽认知视野，即具有开放的心态和包容不同声音的姿态。

☞**关联性原则**

要采取系统思维，关注事物之间的内在关联，理解整体环境的复杂性和问题的本质，即具有跨界的眼界和理解事物全貌的能力。

☞**创新性原则**

要突破现状与常规，敢于提出全新观点与理念，进行规则重构与模式创新，即具有变革的决心与推翻陈规的勇气。

☞**前瞻性原则**

要准确把握环境变化的趋势，拥有长远眼光，提出超前的发展战略和远大的目标，即具有敏锐的判断眼光和看清未来的睿智头脑。

☞**实践性原则**

要鼓励实践、试错与探索，重视理论转化为现实的落地实施，在实践中进行反复检验和提高，即具有重视实践的意识与勇于尝试的精神。

☞ 迭代性原则

要在实践中不断学习与提高，借鉴其他企业的成功经验与最佳实践，并根据环境变化进行规则修正与模式重构，即具有积极主动学习的心态和与时俱进的意识。

☞ 整体性原则

要从整体和系统的角度审视问题，理解企业内各要素之间的内在关联及与外部环境的互动关系，即具有全局性的眼界和系统思维模式。

☞ 根源性原则

要深入追本溯源，找到问题的深层次原因与本质，避免表象化的理解和简单的线性思维，即具有洞察真相的眼界和理解问题本质的智慧。

☞ 突破性原则

要敢于打破既有模式，摒弃依赖，进行突破性思维，提出全新的理念与路径，即具有跳出框定思维的勇气和进行规则重构的智慧。

☞ 长远性原则

要放眼长远，准确判断环境变化趋势与企业发展方向，制定超前的战略与远景规划，即具有高瞻远瞩的眼界和把握趋势的能力。

☞ 包容性原则

要兼容并包，接纳不同观点，推动思想的碰撞与融合，构建开放包容的氛围，即具有宽广的胸襟和员工思想解放的意识。

☞ 灵活性原则

要根据环境变化与实践经验不断调整规则、修正策略，具有敏捷性和实用性，即具有高度的适应力和与时俱进的态度。

☞ 实效性原则

要注重理论与实践的结合，重视管理理念与方法的应用效果，追求实实在在的管理效能的提升，即具有理论联系实际的意识和解决问题的务实态度。

裂变思维实践模型：裂变活动十要素

一场有效的裂变活动需要考虑十个方面的要素并进行整合，这能提高裂变活动获得突破的可能性。这十个方面构成了一个裂变思维实践模型，各个因素密不可分、互相依存，共同支持着裂变思维的有效实施。

☞**裂变目标**

裂变目标是引导和驱动整个裂变活动的首要因素。它的重要性体现在：裂变目标为裂变活动提供明确的方向和目标；根据裂变目标，参与者可以选择最适合的裂变策略和模式；裂变目标能有效地控制整个活动的效率；裂变目标为评估裂变结果提供了清晰的标准；明确的裂变目标可以激发参与者的动机，促使他们一直思考和探索下去；即使在裂变活动中，明确的裂变目标仍然可以提供方向性的框架和限制，避免思维完全失控。

总的来说，裂变目标就像指南针一样，明确指出裂变活动应该应用到哪个方向。它可以引导裂变策略、控制效率、判定结果、持续动机、提供框架等，因此是一个非常重要的因素。未明确好裂变目标，整场裂变活动就没有正确方向的引导，很难产生真正有价值的结果。所以，明确裂变目标尤为重要。

☞**裂变对象**

裂变对象是指你想要进行裂变的事物，它决定了裂变活动的具体方向。其重要性主要体现在以下五个方面，为整个活动提供了清晰的定向：裂变活动会针对这个对象展开，又会以这个对象为参照点，帮助排除与其无关的元素，使裂变聚焦于终点；裂变对象往往是现有知识体系和模式中的事物，明确其身份有助于激发新的视角；对裂变对象进行挖掘，可以发现其隐含的更多可能性；裂变对象往往是某个现有的合理结构，裂变后有助于更新该结构；团队对共同的裂变对象往往会产生更强的参与感和联结感。

总的来说，明确裂变对象可以定向整个裂变活动，排除不相关元素，激发新视角，挖掘可能性，更新合理性以及触发参与感。当裂变对象不清晰时，裂变活动很难聚焦和有效。裂变对象也可以根据裂变目标的不同而有不同的选择。所以，明确裂变对象是非常关键的因素。

☞ 裂变媒介

裂变媒介指的是传播裂变思维的载体或渠道，包括但不限于：社交媒体如 WeChat（微信）、微博、Twitter（推特）等，拥有大量用户和广泛覆盖面，可以快速传播裂变思维理念；社群群体如专题小组、裂变爱好者社区等，群体中已形成共享理念的社区具有内生的传播力；公众号/博客可定期推送与裂变思维相关的文章、案例和工具，可以有效吸引和影响读者；小程序/App 提供裂变相关的工具及练习，可以成为用户裂变思维的辅助平台；线下活动如培训班、社团等，可以有效引导和指导参与者实践裂变思维；故事/案例展示生动有趣的真实或虚构裂变案例，能形象地展示裂变思维的魅力；图文解说通过图文并茂的介绍，能够清晰简洁地传达裂变思维的价值和途径。

以上都是裂变思维的有效媒介，各有优势。但真正有效的裂变媒介应当发挥出这些渠道的协同效应，形成覆盖面广、影响力大的"裂变媒介阵地"。选择适当的裂变媒介，结合自身优势，可以有效传播和推广裂变思维。

☞**裂变素材**

裂变素材主要指用于传播裂变思维的各类视听资料，包括但不限于：以生动有趣的海报设计形式，呈现出裂变思维的独特魅力；以生动的真实或虚构的图文案例，清晰地展示出裂变思维的效果；口号标语简洁明了，初步引起人们关注裂变思维；通过有趣生动的动画短片，以非语言的方式传达裂变思维的意义；竞赛征集作品启发参赛者实践裂变思维，如通过诗、歌、故事等作品赋予裂变思维以生命力。

这些视觉性较强的素材，通过生动形象的手法有效地传达并激发出了裂变思维。多元化的裂变素材可以充分利用视觉感官来传达和激发裂变思维，避免单一的语言表述形式。多样的视觉形式可以吸引不同群体，为裂变思维的传播提供丰富的途径。正确使用裂变素材，是有效传播裂变思维的重要手段。

☞**裂变流量池**

裂变流量池是指收集不同领域相关概念、理论和技术的数据库，其作用主要是为裂变提供素材。裂变流量池的重要性主要体现在以下七个方面：裂变流量池是裂变素材的直接来源，是一个重要的素材库；裂变流量池能持续提供新的裂变素材，防止裂变活动思维干涸；覆盖多个领域的裂变流量池能为裂变活动提供更广阔的素材源头；有针对性地收集匹配裂变目标或对象的素材，提高使用效率；根据裂变目标不断完善和丰富裂变流量池，提高整场活动的思维活力；裂变流量池中不同领域的素材可以指引裂变活动的多元发展；不同领域的素材可以相互补充，触发新的联想。

总的来说，丰富的裂变流量池可以为裂变活动提供源源不断的素材，覆盖多个领域，进而激发新的联想。相较于单纯依靠当下的裂变素材，裂变流量池可以有效指引和支撑整场活动的发展。缺乏完善的裂变流量池很可能让裂变活动缺乏源头维系，孤立而局限。所以，建立一个有针对性的裂变流量池是保障裂变活动质量的重要一步。

☞ **裂变时间**

裂变时间是影响裂变活动质量的关键因素。好的裂变时间需要满足这样几个条件：足够的时间，以便让参与者充分想出多个方案和路径；将时间合理地划分为不同阶段，提高效率，如思考→记录→汇总→分享等；裂变时间需要避免消耗参与者的思维意识，维持活力，因此需要间歇进行；可以根据需要动态地加长或压缩，增加灵活性；不同的裂变目标需要分配不同的时间；适度增加时间压力感可有利于激发参与者的想象力；裂变时间不能限制参与者的思维联想与跳跃，应该足够宽松。

总的来说，只有在裂变时间安排得当的情况下，裂变活动才能充分发挥思维潜能，否则很容易因为时间不足而形成思维局限。

☞ **裂变策略**

裂变策略是保障裂变活动质量的重要因素，主要体现在以下七个方面：裂变策略可以指导整场活动的思维流向和结构；提供了具体的裂变方式和路线，指导参与者如何进行裂变；科学的裂变策略可以深化裂变活动的层次和成效；可以根据实际情况调整和控制裂变进程，避免歪曲；面对困难时，裂变策略可以提供解决方案和思路；可以识别和剔除重复的思维，提高效率；不同的裂变策略可以激发参与者的不同联想。

总之，选对裂变策略是保障裂变活动质量的关键，不同的裂变策略可以在不同时刻发挥不同的作用。

☞**裂变动机**

裂变动机是指激发参与者积极进行裂变活动的内在驱动力。它的重要性体现在以下六个方面：可以提高参与者参与裂变活动的积极性；可以持续激发参与者进行思考和探索的欲望；可以增强参与者的思维投入度；可以满足参与者对知识和技能的进步需求；可以激发参与者在面对困难时的使命感和责任感；可以促使参与者不断更新个人知识体系。

不同的裂变目标和参与者可能需要不同形式的裂变动机。缺乏足够的裂变动机很容易导致参与者在裂变活动初期就动力不足、思维停滞不前。尤其是在长时间的裂变任务中，动机不足问题尤为突出。所以，激发参与者的内在动机是一个非常关键的因素。

☞**裂变成本**

裂变活动的成本主要有金钱成本和精力成本两方面。在金钱成本方面，收集不同领域的裂变素材需要花费金钱；使用卡片、线条等辅助工具也需要花费金钱；使用裂变工具如脑图、卡片等，也需要花费金钱。在精力成本方面，为裂变活动周全地制订计划需要时间；组织实施裂变活动本身也需要精力；参与裂变思维进程需要参与者保持高度集中并不断思考；分享和实施裂变结果也需要投入不少精力。

考虑裂变成本因素可以有效控制金钱和精力的投入，保证裂变活动的可行性与效率。如果无视成本因素，低效率、高成本很可能导致整场活动难以持续。所以，对裂变成本的分析与考量是重要的一环。

☞**裂变工具**

裂变工具可以辅助和提高裂变活动的效率与效果。常见的裂变工具有：脑图记录和展示思维；卡片适用于发散性的联想；线条有助于延伸和重组思维；模型有助于以立体视角理解问题；场景可以构建一个生动的裂变环境。

总的来说，选择与裂变目的相匹配的工具可以提高整个活动的质量与效率。相较于没有使用专用裂变工具，使用正确的裂变工具可以更有效地支撑和控制裂变进程。所以，正确使用裂变工具是裂变活动成功不可或缺的一个方面。

裂变式创新的几种突破思维

裂变式创新主要是思维方式的创新，下面这些思维方式有利于超越常规思维，实现裂变式创新。企业需要鼓励和激发员工的裂变思维。

☞放大野心

放大野心是实现裂变式创新的重要思维方式，具体体现为：放开现状思维的束缚，不受现有规模、资源的限制；不再自我设置能力下限，大胆设想超越自身能力的解决方案；建立更远大的愿景和使命，驱动追求更多可能；充分发挥想象力，想象现实世界中可能存在的最优解；降低成功标准，接受不完美和失败，抛弃完美主义；接纳非日常方案和非正统解决思路。

这种放大野心的思维方式有助于：超越现状局限，释放更多可能性；超越自我能力限制，激发更多想法；创造更大的愿景目标，引领不断突破；充分发挥想象力，获得灵感；接纳非完美方案，开辟思维路径；接受非正统方案，实现裂变。

☞关注问题而不是解决方案

关注问题而不是解决方案是裂变式创新的重要思维方式。它的重点体现在：不去想已经存在的相关解决方案，保持"白纸"状态；将精力放在充分理解和分解问题上，而非考虑解决方案；由问题本身衍生出符合需要的解决方案，而非强加外来方案；挖掘问题的根源，寻找可持续的根本解决方案；聚焦于问题可以激发全新思维方式。

关注问题而不是解决方案的好处，这种思维方式有助于：突破解决方案思维局限，获得灵感；从根本上解决问题，而非一时之快；适应问题不断变化的需求；由问题导出多种解决方案。这种思维涉及从问题本身挖掘功能需要，而非强加外来解决方案的思维转换。因此，关注问题而不是解决方案是实现裂变创新思维的一个重要方式。

☞ **敞开怀抱**

敞开怀抱可以帮助我们拥有更多企业内部看不到的机会，这是实现裂变式创新的重要思维方式。具体体现为：接纳来自不同领域和背景的观点；学习和借鉴不同经营领域的管理经验和方法；打破内部与外部、同行之间的观念隔膜；与更多客户和潜在客户接触，洞察需求；放开思维，赋予事物全新的联想；扩展人脉和合作网络，汲取更多资源。

这种思维方式的好处在于：通过接触别样的思维和解决方案获得灵感；将不同领域的优势相结合，产生超额效应；通过接触更多客户完善产品；通过网络扩张获取更多资源支持；汲取不同领域的经验智慧，实现裂变式创新。这种思维方式涉及一种对内部局限性的自我超越，走出企业边界，迎接外部机遇的开放思维。只有这样，企业才能不断得到更新和进步。

☞ **拥抱不确定性**

拥抱不确定性是实现裂变式创新的重要思维方式。具体而言，就是不完美和失败被接受，并被视为正常结果；不完美和失败可以帮助发现问题和优化方案；较低的失败标准，可接受较高的风险；敢于超出传统路径实现裂变的可能；在不确定的前提下充分发挥想象；面对不确定性也不停止探索。

拥抱不确定性的优势在于：不确定前提下的探索才能带来裂变；最大化不停探索的可能性；把失败转化为进步的动力；不确定性带来的风险感最能激发创新精神。

第三章

裂变式增长：
成为第一的新商业逻辑

　　裂变式增长是一种新型的商业增长模式，其终极目标是成为市场领袖。为了实现这个目标，企业需要选择适合自己的裂变模式，同时还需要在战略、人才和用户方面建立保障机制来确保裂变式增长的效果和稳定性。在实施裂变式增长时，企业要按照一定的步骤和方法进行，以不断优化和调整裂变式增长策略，最终实现在竞争中保持领先地位的目标。

【典型案例】

网易云音乐通过推出"云村计划",打造了一个音乐社交平台,鼓励用户分享和传播自己的音乐作品和歌单。网易云音乐通过裂变式增长,让用户的社交行为和用户体验完美结合,实现了用户规模的快速增长,目前已经成为中国最受欢迎的音乐服务平台之一,拥有数亿用户。

小红书是一款基于社交电商的应用,用户可以通过分享和推荐商品,获得收益和奖励。小红书通过裂变式增长,让用户的社交行为和电商购物行为完美结合,实现了用户规模的快速增长,目前已经成为中国最受欢迎的社交电商应用软件之一,拥有数亿用户。

红蚁旅游采用裂变推广模式实现了快速增长,在2020年初,仅用一周时间,就销售了超过200万元的旅游产品;通过社群和线下裂变模式推广旅游线路,在初期的一年时间内实现了3500万元的销售额;通过裂变模式,在全国裂变出6000多家合作经销商,十几家子公司;通过线上裂变筛选优质用户到线下,最高一场活动现场成交880万元,平时正常线下100人左右的活动业绩基本在350万元到600万元之间;在整个旅游行业面临危机期间,红蚁旅游仍然快速成长,2023年3月,红蚁旅游完成了A轮融资2000万元。红蚁旅游平台通过裂变推广模式,省去了传统旅行社的广告和运营推广费用,实现了旅游出行价格回归到真正的成本价,让每个有旅游梦想的人都能轻松实现自己的旅游梦想。同时,该平台利用旅游客户资源和旅游粉丝会员,加入商业共享模式,打造出了真正的"你旅游我买单"的共享旅游新模式,降低了旅游出行价格,实现了游客、商家和平台的共赢。

裂变式增长及其特征

裂变式增长是一种非常快速的增长模式，是指通过在短时间内大量增加用户数量来实现指数级增长的现象。这种增长模式通常在互联网和移动应用领域中出现，除了上面提到的网易云音乐和小红书，知名的例子还有Facebook（脸谱网）、Instagram（照片墙）等。

☞裂变式增长的定义

裂变式增长也被称为"病毒式增长"，其意指增长效应类似于病毒在人群中传播。该增长模式通常在微信生态环境下实现，即通过"人拉人"的方式在短时间内迅速扩大用户规模，实现指数级增长。目前，社群裂变、任务宝和分销等策略是常见的裂变式增长方法。

裂变式增长在产品或服务方面有一定的要求，这些要求可以被看作实现裂变式增长所必须满足的条件。例如：具有足够的吸引力和用户体验，能够引起用户的兴趣和需求；具有足够的社交属性和分享性，能够激发用户分享和传播的欲望；具有足够的可复制性和可扩展性，能够满足用户的需求和扩大用户规模；能够通过技术手段实现自我传播和分享，如社交媒体、电子邮件、短信等。

裂变式增长的操作关键是通过社交网络效应和病毒式传播来吸引新用户，并让他们邀请他们的朋友和家人加入，从而形成一个指数级的增长。为了实现裂变式增长，企业通常会采用免费的用户获取策略，以吸引更多的用户加入，并在后期通过广告或付费服务来实现收益。

另外，为了实现裂变式增长，企业需要快速迭代并推出新功能和服务，持续优化产品以吸引新用户并保持现有用户的兴趣。对于裂变式增长，数据分析和实验也非常重要，因为这可以帮助企业了解用户行为，优化产品，从而实现持续快速的增长。

裂变式增长是一种非常具有挑战性和创新性的增长模式，需要企业不断创新和优化策略，以保持持续的增长态势。

☞ **裂变式增长的特征**

裂变式增长是一种非常快速的增长模式，其特征主要表现在以下四个方面：

裂变式增长的第一个特征是速度快。裂变式增长通常采用创新的策略和技术手段，通过借助社交网络效应和病毒式传播的特点，可以在短时间内快速扩大用户数量，实现指数级增长。例如，某些应用程序可以通过邀请新用户加入并迅速扩大用户群体，从而实现快速的用户增长。这种快速增长的模式通常被称为"裂变式增长"。

速度快是裂变式增长的优点之一，它可以让企业迅速进入市场并获得竞争优势。然而，速度快也可能导致一些问题，例如，用户增长过快可能会导致产品质量和用户体验下降，从而影响用户留存率和口碑。因此，对于裂变式增长，企业需要在保持快速增长的同时，密切关注产品质量和用户需求，并及时进行调整和改进。

裂变式增长的第二个特征是影响广泛。根据社交网络和病毒式传播的特点，裂变式增长可以快速传播到更多的用户，形成病毒式的传播效应。这种传播方式可以让企业在短时间内快速扩大用户数量，并建立起强大的品牌影响力。

影响广泛是裂变式增长的重要优势之一，它可以让企业在没有大量营销支出的情况下，快速将产品推广给更多的用户。此外，广泛的传播还可以增强用户之间的社交互动，从而进一步增加用户留存率和忠诚度。

然而，影响广泛也可能导致一些问题，例如，无目标的传播可能会降低产品的精准度和用户体验，从而影响用户留存率和口碑。因此，对于裂变式增长，企业需要在保持广泛影响的同时，密切关注用户需求和用户反馈，并及时调整和改进产品。

裂变式增长的第三个特征是创新的模式和策略。为了吸引更多的用户和实现快速增长，企业通常需要采用创新的模式和策略来区别于竞争对手。这些创新模式和策略可能包括新的营销手段、创新的产品设计，或者是基于数据分析的优化等。

创新是裂变式增长的关键。通过创新，企业可以吸引更多的用户，并不断扩大用户群体。例如，一些企业通过提供免费的服务或者优惠券来吸引用户加入，或者通过建立社区和用户互动来提高用户黏性。还有一些企业通过不断优化产品和增加新的功能来满足用户需求，从而进一步提高用户体验和留存率。

然而，创新也可能带来一些风险和挑战。一些创新模式和策略可能并不适用于所有的用户群体，或者可能不被市场所接受。而且，还有可能需要大量的投入和实践，才能真正实现裂变式增长的效果。因此，对于裂变式增长，公司需要不断尝试和探索创新的模式和策略，同时密切关注用户需求和反馈，及时调整和改进产品。此外，数据分析和实验也非常重要，可以帮助企业了解用户行为，优化产品，从而持续实现快速增长。

裂变式增长的第四个特征是基础深厚。要实现裂变式增长，企业需要拥有强大的技术实力、数据分析能力、营销能力等方面的基础支持。

首先，企业需要建立强大的技术基础，以支持产品的快速迭代和不断优化。这包括建立稳定的技术架构、拥有强大的数据处理和存储能力，以及具备快速开发和测试的能力等。其次，数据分析能力也是裂变式增长的重要基础。通过数据分析，企业可以了解用户行为和需求，优化产品和服务，从而提高用户留存率和忠诚度。最后，营销能力也是实现裂变式增长的重要基础。企业需要建立有效的营销策略和渠道，以吸引更多的用户和扩大品牌影响力。这包括采用创新的营销手段，建立有效的用户互动和社区，以及利用社交网络和病毒式传播等方式来扩大用户数量。

然而，基础深厚也可能带来一些挑战和成本。企业需要投入大量的时间和资源来建立强大的技术和数据分析基础，并拥有精湛的营销能力。此外，企业还需要不断更新和维护这些基础，以适应市场变化和用户需求的不断变化。

裂变式增长的终极目标：成为第一

裂变式增长的终极目标是成为行业领先者，这需要企业在行业地位、增长优势、产品力、商业模式、组织能力和品牌影响力等方面具备优势。为了实现这些目标，企业需要不断优化和改进产品、团队和营销策略，以保持持续的增长和市场竞争力。

☞行业地位

企业裂变式增长的终极目标是在市场上占据主导地位，这意味着企业需要在市场中获得更高的市场份额和更好的品牌知名度，以及更多的用户和收入。要实现行业领先地位，企业需要具备以下六个方面的优势：一是用户数量。企业需要快速扩大用户数量，并保持持续的用户增长，以在市场上占据更大的份额。二是产品创新。企业需要不断创新产品和服务，以满足用户需求，并在市场上具有差异化的竞争优势。三是资源投入。企业需要投入足够的资源，包括人力、物力和财力，以支持快速增长和市场占有率的提高。四是市场营销。企业需要具备出色的市场营销能力，以吸引更多的用户和提高品牌知名度。五是商业模式优势。企业需要具备创新的商业模式，以提高盈利能力和市场竞争力。六是品牌影响力。企业需要在市场上建立强大的品牌影响力，以增强用户忠诚度和提高市场占有率。

行业地位是裂变式增长中至关重要的一项。通过快速扩大用户数量、不断创新产品和服务、投入足够的资源、出色的市场营销能力、创新的商业模式和强大的品牌影响力，企业可以提高市场占有率，成为行业领先者，从而实现长期的增长和盈利。

☞**增长优势**

裂变式增长的增长优势是实现快速增长和成为行业领先者的关键。企业需要具备五个方面的优势，以实现持续的增长：一是病毒式传播。企业需要通过社交网络和病毒式传播，快速扩大用户数量，并形成病毒式的传播效应。这可以帮助企业在短时间内快速增长，并建立起强大的品牌影响力。二是用户留存率。企业需要提高用户留存率，从而实现更稳定和可持续的增长。通过提供卓越的用户体验和不断优化产品，企业可以提高用户留存率，从而保持稳定的增长。三是数据分析能力。企业需要具备强大的数据分析能力，来深入了解用户的需求和行为，从而优化产品和服务，制定更有效的营销策略。这可以帮助企业更好地满足用户需求，提高用户留存率和忠诚度。四是渠道扩展。企业需要不断扩展渠道，以吸引更多的用户和提高品牌知名度。通过多渠道营销和创新的营销策略，企业可以快速扩大用户数量，并在市场上占据更大的份额。五是团队协作。企业需要建立高效的团队和流程，以支持快速迭代和不断优化产品。通过协作和合作，企业可以更快地推出新产品，提高用户满意度和留存率。

增长优势是裂变式增长中非常重要的一项。通过病毒式传播、提高用户留存率、强大的数据分析能力、渠道扩展和高效的团队协作，企业可以快速扩大用户数量，并保持持续的增长。这些优势可以帮助企业实现行业领先地位，建立起强大的品牌影响力，并提高盈利能力和市场竞争力。

☞**产品力**

产品力是实现快速增长和成为行业领先者的关键之一。企业需要具备五个方面的优势，来提高产品力：一是用户体验。企业需要通过不断优化产品和服务，来增强用户体验，吸引等多的用户和提高用户满意度，从而增加用户留存率和忠诚度。二是创新设计。企业需要不断创新产品设计，以满足用户需求，并在市场中具有差异化的竞争优势。通过不断研发新产品和增加新功能，企业可以吸引更多用户，提高用户留存率和忠诚度。三是技术实力。企业需要拥有强大的技术实力，以支持产品的快速迭代和不断优化，这包括建立稳定的技术架构、拥有强大的数据处理和存储能力，以及具备快速开发和测试的能力等。四是数据分析。企业需要具备强大的数据分析能力，以深入了解用户的需求和行为，从而优化产品和服务，并制定更有效的营销策略。通过数据分析，企业可以了解用户行为和需求，优化产品和服务，从而提高用户满意度和留存率。五是用户反馈。企业需要密切关注用户反馈和需求，以及时调整和改进产品。通过与用户互动和反馈，企业可以了解用户需求和痛点，从而改善产品和服务，提高用户满意度和留存率。

产品力是裂变式增长中非常重要的一项。通过提供卓越的用户体验、创新设计、强大的技术实力、数据分析和用户反馈，企业可以不断优化和改进产品，提高用户满意度和留存率，从而实现持续的增长和市场竞争力。这可以帮助企业成为行业领先者，建立起强大的品牌影响力，提高盈利能力和市场竞争力。

☞**商业模式**

商业模式是实现快速增长和成为行业领先者的关键之一。企业需要具备五个方面的优势，以提高商业模式的创新和竞争力：一是盈利模式。企业需要具备创新的盈利模式，以提高市场竞争力和盈利能力。通过不断创新盈利模式，企业可以增加收入来源，提高市场占有率和盈利能力。二是客户定位。企业需要精准定位目标客户群体，并提供有针对性的产品和服务。通过深入了解客户需求和行为，企业可以提高用户满意度和留存率，并增加市场占有率。三是合作伙伴。企业需要建立良好的合作伙伴关系，以拓展业务和市场份额。通过与其他企业合作和共赢，企业可以获得更多的资源和支持，来提高市场竞争力和盈利能力。四是数据分析。企业需要具备强大的数据分析能力，以深入了解用户的需求和行为，并制定更有效的商业模式和营销策略。通过数据分析，企业可以发现商业机会和潜在用户需求，从而创新商业模式，提高市场竞争力和盈利能力。五是营销策略。企业需要制定切实可行的营销策略，以吸引更多的用户和提高品牌知名度。通过创新营销策略，企业可以快速扩大用户数量，提高市场占有率和品牌知名度。

商业模式是裂变式增长中非常重要的一项。通过创新的盈利模式、精准的客户定位、良好的合作伙伴关系、强大的数据分析和创新的营销策略，企业可以提高商业模式的创新和竞争力，从而实现长期的增长和盈利。这可以帮助企业成为行业领先者，并建立起强大的品牌影响力，提高市场竞争力和盈利能力。

☞ **组织能力**

组织能力是实现快速增长和成为行业领先者的关键之一。企业需要具备五个方面的优势，来提高组织能力：一是领导力。企业需要具备强大的领导力，以制定战略和规划，指导团队目标的实现。通过领导力，企业可以建立起清晰的愿景和目标，激发团队的积极性和创造力。二是团队协作。企业需要建立高效的团队和流程，以支持快速迭代和不断优化产品。通过协作和合作，企业可以更快地推出新产品，提高用户满意度和留存率。三是人才招聘和培养。企业需要招聘和培养优秀的人才，以支持企业的长期发展和成长。通过招聘和培养优秀人才，企业可以提高组织能力和竞争力。四是组织架构。公司需要建立合理的组织架构，以支持快速增长和市场竞争力的提高。通过优化组织架构，企业可以提高效率和协同能力，以支持快速迭代和产品优化。五是文化建设。企业需要建立积极向上的企业文化，以吸引和留住优秀的人才，并激发员工的工作热情和创新能力。通过建立良好的企业文化，企业可以提高员工的工作满意度和忠诚度，从而支持企业的长期发展和成长。

组织能力是裂变式增长中非常重要的一项。通过强大的领导力、高效的团队协作、优秀的人才招聘和培养、合理的组织架构和积极向上的企业文化，企业可以提高组织能力和竞争力，从而实现长期的增长和盈利。这可以帮助企业成为行业领先者，建立起强大的品牌影响力，并提高市场竞争力和盈利能力。

☞ **品牌影响力**

品牌影响力是实现快速增长和成为行业领先者的关键之一。企业需要具备五个方面的优势，以提高品牌影响力：一是品牌定位。企业需要建立清晰的品牌定位，以吸引目标客户群体，提高品牌知名度和美誉度。通过精准的品牌定位，企业可以提高品牌的认知度和印象度，从而增加用户数量和市场占有率。二是品牌形象。企业需要建立积极向上的品牌形象，以提高用户的好感度和忠诚度。通过良好的品牌形象，企业可以建立起用户信任度和忠诚度，从而提高品牌影响力和市场竞争力。三是品牌声誉。企业需要建立良好的品牌声誉，以提高用户信任度和忠诚度。通过提供高质量的产品和服务，企业可以赢得用户的信任和口碑，从而提高品牌声誉和影响力。四是品牌传播。企业需要采用多种传播方式，以增加品牌曝光率和知名度。通过创新的品牌传播方式，企业可以吸引更多用户，提高品牌知名度和影响力。五是品牌管理。企业需要建立有效的品牌管理机制，通过有效的品牌管理，来保持品牌的一致性和稳定性，进而提高品牌的价值和影响力。

品牌影响力是裂变式增长中非常重要的一项。通过精准的品牌定位、良好的品牌形象和声誉、创新的品牌传播方式以及有效的品牌管理机制，企业可以提高品牌影响力和市场竞争力。同时，良好的品牌影响力也可以帮助企业吸引更多的投资和资源，进一步支持企业的快速增长和发展。

企业裂变式增长的三种模式

企业裂变式增长的三种模式包括积累模式、爆发模式和混合模式。这些模式指的是企业在实现快速增长过程中所采用的不同策略和方法。三种模式各有其优缺点，企业应根据自身情况选择适合的增长模式，并在实践中不断调整和优化，以实现长期的快速增长和市场领先地位。

☞ **积累模式**

积累模式指的是通过长期积累和稳健发展，逐步壮大企业，占据市场领先地位。这种模式注重的是企业长期的积累和沉淀，通过稳定的增长，逐步积累资源和实力，从而实现企业的长期发展和稳定盈利。

在积累模式中，企业通常会注重五个方面：一是建立品牌。企业需要建立良好的品牌形象和声誉，提高品牌的知名度和美誉度。通过良好的品牌形象和声誉，企业可以吸引更多的用户和资源，提高市场占有率和盈利能力。二是投资研发。企业需要不断投入研发和创新，提高产品质量和竞争力。通过不断的创新和研发，企业可以不断提高产品的差异化和附加价值，来提高用户满意度和忠诚度。三是持续优化。企业需要持续优化产品和服务，提高效率和协同能力。通过持续优化和提高效率，企业可以降低成本和风险，提高盈利能力和市场竞争力。四是拓展市场。企业需要拓展市场，开发新的用户、拓宽业务领域。通过拓展市场，企业可以提高市场占有率和盈利能力，支持企业的长期发展和成长。五是管理控制。企业需要建立有效的管理和控制机制，保持企业的一致性和稳定性。通过良好的管理和控制，企业可以有效地控制成本和风险，提高企业的竞争力和盈利能力。

积累模式是企业裂变式增长中的一种稳健模式，适合那些注重长期发展和稳健增长的企业。在积累模式中，企业需要注重品牌建设、研发投入、持续优化、市场拓展和管理控制等方面，通过稳定的增长和积累，逐步壮大企业，实现长期发展和盈利。虽然这种模式相对于其他两种模式来说增长速度较慢，但是风险较小，可持续性较高，适合那些注重稳健发展和长期回报的企业。

☞爆发模式

爆发模式指的是通过快速扩张，迅速占领市场，实现快速增长。这种模式通常需要较大的投资和风险，但具有较高的市场反应速度和市场占有率，适合那些具有颠覆性创新、快速成长和高风险高回报的企业。

在爆发模式中，企业通常会注重五个方面：一是突破创新。企业需要在技术、产品或服务等方面进行颠覆性创新，突破传统模式和限制，以更快的速度和更高的品质占领市场。二是瞄准市场。企业需要瞄准市场，抓住市场机会和用户需求，快速开展业务，拓展市场份额。三是投入资本。企业需要大量投入资本，以支持快速扩张和市场占有率的提升。这包括加大广告宣传、扩大生产规模、增加销售渠道等。四是构建生态。企业需要构建完整的生态系统，以提供全方位的服务和支持。通过构建生态，企业可以吸引更多用户和合作伙伴，以提高市场占有率和盈利能力。五是管理控制。企业需要建立有效的管理和控制机制，以避免快速扩张带来的风险和问题。通过良好的管理和控制，企业可以更好地控制成本和风险，实现长期的快速增长和盈利能力。

爆发模式是企业裂变式增长中一种具有高风险、高回报的模式，适合那些具有颠覆性创新和快速成长的企业。在爆发模式中，企业需要注重创新、市场瞄准、资本投入、生态构建和管理控制等方面，通过快速扩张和提升市场占有率，来实现快速增长和高回报。虽然这种模式增长速度快，但相对来说风险也更高，需要企业具备较高的风险承受能力和资金实力。同时，在实施爆发模式时，企业也需要注重管理和控制，以避免快速扩张带来的风险和问题，从而保证企业的长期发展和盈利能力。

☞混合模式

混合模式指的是在积累模式和爆发模式之间取得平衡，既注重长期积累，又追求快速增长。这种模式通常需要企业有较强的战略规划和灵活的执行能力，同时也需要企业有较高的风险承受能力和资金实力。

在混合模式中，企业通常会注重六个方面：一是精细定位。企业需要精细定位市场和用户需求，以抓住市场机会和提供更好的产品和服务。二是稳定增长。企业需要通过稳定的增长和积累，逐步壮大企业，提高市场占有率和盈利能力。三是创新投入。企业需要适度投入研发和创新，以增加产品的差异性和附加价值，提高用户满意度和忠诚度。四是快速扩张。企业需要在快速扩张方面保持灵活性和反应速度，以抓住市场机会和提高市场占有率。五是生态建设。企业需要构建完整的生态系统，来提供全方位的服务和支持，吸引更多用户和合作伙伴，提高市场占有率和盈利能力。六是风险控制。企业需要建立有效的风险控制机制，以避免快速增长带来的风险和问题，保证企业的长期发展和盈利能力。

混合模式是企业裂变式增长中一种注重平衡和灵活性的模式，适合那些既注重长期积累，又追求快速增长的企业。在混合模式中，企业需要注重精细定位、稳定增长、创新投入、快速扩张、生态建设和风险控制等方面，通过平衡和灵活性的策略，既能够实现长期积累和稳健增长，又能够快速响应市场机会和提高市场占有率。这种模式需要企业有较强的战略规划和灵活的执行能力，同时也需要企业有较高的风险承受能力和资金实力，以支持快速扩张和市场占有率的提升。在实施混合模式时，企业需要注重平衡和灵活性，根据不同的市场需求和企业发展阶段，调整和优化策略，以实现长期的快速增长和市场领先地位。

实施裂变式增长的三大保障

实施裂变式增长需要三大保障：战略裂变、人才裂变和用户裂变。这三大保障分别对应着企业在增长过程中的战略规划、人力资源和用户运营，堪称企业裂变式增长之路上的"铁三角"，缺一不可。企业需要在战略规划、人力资源和用户运营等方面进行全面布局和优化，建立起稳健的增长根基和强大的增长引擎，从而实现裂变式增长的长期发展和盈利。

☞ **战略裂变是增长根基**

战略裂变是企业的增长根基。在实施裂变式增长的过程中，企业需要对市场和用户需求进行深入分析，制定符合市场趋势和用户需求的战略，并通过不断的优化和调整，建立起企业的增长根基。

战略裂变需要企业注重以下四个方面：一是深入市场调研。企业需要深入市场调研，了解市场和用户需求的变化趋势，以制定符合市场趋势和用户需求的战略。二是制定创新战略。企业需要制定创新战略，突破传统发展模式，通过颠覆性创新和技术升级，提高产品的差异化和附加价值，从而占领市场。三是建立战略体系。企业需要建立完整的战略体系，包括企业的愿景、使命、价值观、目标和策略等，以指导企业的发展和实现裂变式增长追求长期发展。企业需要注重长期发展，通过积累和持续的创新，建立起企业的增长根基，实现长期的稳健增长和盈利。四是不断优化调整。企业需要不断优化和调整战略，根据市场和用户需求的变化，及时调整企业的发展方向和策略，来保持企业的敏捷性和竞争力。

☞ **人才裂变是增长保障**

人才裂变是企业实现裂变式增长的重要保障，通过人才裂变可以打造强大的增长引擎，吸引、培养和留住优秀人才，建立起强大的人力资源体系。企业在实施裂变式增长的过程中，需要注重人才裂变，以保证企业拥有足够的人力资源来支持企业的快速成长和发展。

人才裂变需要企业注重五个方面：一是建立人才引进机制。企业需要建立完善的人才引进机制，通过多种渠道吸引优秀的人才，包括校园招聘、社会招聘、内部推荐等。二是建立人才培养机制。企业需要建立完善的人才培养机制，包括新人培训、岗位培训、职业发展规划等，以提高人才的能力和素质，并满足企业的发展需求。三是建立人才激励机制。企业需要建立有效的人才激励机制，包括薪酬激励、福利待遇、晋升机会等，以激发人才的工作积极性和创造性，保持人才的活力和忠诚度。四是建立人才管理机制。企业需要建立科学的人才管理机制，包括岗位设置、职业发展规划、绩效考核、人才流动等，以保证人才的合理配置和优化利用。五是建立人才保留机制。企业需要建立人才保留机制，包括员工关怀、职业发展规划、人才培养等，以提高员工的归属感和忠诚度，减少员工流失和人才损失。

☞ **用户裂变是增长手段**

用户裂变是企业实现裂变式增长的重要手段之一，通过用户裂变可以获取更多的用户，扩大用户规模和用户影响力，提高用户留存率和忠诚度。企业在实施裂变式增长的过程中，需要注重用户裂变，以保证企业的持续增长和发展。

用户裂变需要企业注重五个方面：一是优化用户体验。企业需要优化用户体验，提高产品和服务质量以及用户满意度，以吸引更多的用户，并让用户成为品牌的忠实粉丝。二是推动口碑营销。企业需要推动口碑营销，通过用户口碑和社交媒体等方式，让用户成为品牌的传播者和推广者，扩大品牌影响力和用户规模。三是实施用户引导。企业需要实施用户引导，通过优惠促销、赠送礼品、积分奖励等方式，吸引用户邀请更多的新用户加入，扩大用户规模和影响力。四是提供个性化服务。企业需要提供个性化服务，根据用户的需求和偏好，提供量身定制的服务和推荐，提高用户满意度和忠诚度。五是建立用户管理机制。企业需要建立用户管理机制，包括用户数据的收集和分析、用户关系的维护和管理、用户投诉和反馈的处理等，以提高用户的满意度和忠诚度，并为用户裂变提供支持和保障。

实施裂变式增长的步骤与方法

实施裂变式增长需要采取这样几个步骤和方法：明确当前的裂变目的，制订计划裂变流程和规则，加强过程风险控制，最后进行复盘，总结经验。在实施过程中，要根据具体情况制定切实可行的计划和规则，注重风险控制和测试效果，以及不断总结和优化经验，从而不断推进企业的裂变式增长，实现持续创新和发展。

☞**明确裂变目标**

明确当前的裂变目标是实施裂变式增长的第一步。企业需要明确自己的目标和期望，明确裂变的目的是实现什么样的增长和发展。例如，企业的裂变目的可能是扩大用户规模和影响力，提高用户留存率和忠诚度，推动产品和服务的创新与升级,以及提高企业的市场份额和盈利水平等。

在明确裂变目的的过程中,企业需要进行充分的市场调研和用户分析,了解市场和用户的需求和痛点,确定裂变目的的具体方向和重点,以确保裂变目的的合理性和实施效果。同时,企业还需要考虑当前所处的行业和市场环境,以及竞争对手的情况,制定出符合实际情况和市场趋势的裂变目的和策略。

明确裂变目标有助于企业制定切实可行的裂变策略和计划,以及确定有效的裂变指标和评估体系,从而更好地推进裂变式增长战略的实施。此外,企业还可以通过对裂变目标的明确,更好地了解自身的优势和劣势,确定自身在市场中的定位和差异化优势,为裂变式增长提供更坚实的基础。

☞设计裂变流程

设计裂变流程是实施裂变式增长的重要步骤之一。企业需要设计具体的裂变流程,以确保裂变策略和计划的实施效果和可持续性。设计裂变流程需要注意五个方面:确定裂变的具体方式和渠道,包括线上和线下的推广、社交媒体的传播、口碑营销的推动等,以吸引更多的用户加入和扩大用户规模;制订详细的推广计划和时间表,包括推广的内容、时间、方式等,以确保裂变的推广效果和时间控制;确定裂变的目标和指标,包括用户增长率、用户留存率、用户转化率等,以便对裂变效果进行评估和监控;设计裂变的流程和环节,包括邀请注册、用户转化、推荐奖励等,以实现裂变的自动化和效率化;确定裂变的预算和资源,包括推广费用、奖励费用、技术支持等,以确保裂变的实施和推广。

在制订计划裂变流程的过程中,企业需要根据自身的实际情况和市场需求,确定裂变的具体方式和渠道,制订详细的推广计划和时间表,设计裂变的流程和环节,确定裂变的目标和指标以及预算和资源。

☞**制定裂变规则**

制定裂变规则是实施裂变式增长的重要步骤之一。裂变规则是指企业在推动裂变式增长的过程中，为用户设置的邀请和奖励机制，以激励用户邀请更多的人加入，从而扩大用户规模和影响力。制定裂变规则需要注意五个方面：设定合理的邀请奖励机制，包括奖励的形式、数量、条件等，以吸引用户积极邀请更多的人加入；确定裂变规则的限制和条件，包括用户邀请的人数、邀请的时间、邀请人的要求等，以确保裂变规则的公平性和稳定性；设计裂变规则的流程和环节，包括邀请注册、用户转化、推荐奖励等，以实现裂变的自动化和效率化；注重裂变规则的创新和差异化，以吸引用户的注意力和兴趣，提高用户的参与度和活跃度；企业需要建立完善的裂变规则管理体系，包括规则的制定、实施、监控和评估等方面，要建立专门的裂变规则管理团队，负责制定和实施裂变规则，监控和评估裂变效果，及时发现和解决问题。

在制定裂变规则的过程中，企业需要根据自身的实际情况和市场需求，设计合理的邀请和奖励机制，确定裂变规则的限制和条件，以确保裂变规则的公平性和稳定性。

☞**过程风险控制**

在实施裂变式增长的过程中，风险控制是非常重要的一环。以下是企业在实施裂变式增长时需要做到的六个方面：企业需要根据自身的裂变目的和策略制定明确的风险控制策略和方案，包括风险评估、风险预警、风险应对等方面；建立完善的用户数据管理体系，遵守相关法律法规和行业规范，保护用户数据的安全和隐私，避免用户数据被滥用或泄露；要遵守相关法律法规和行业规范，确保裂变营销活动的合法性和合规性，同时要注重道德标准，避免利用不当手段进行裂变营销，损害用户权益和社会公共利益；注重对品牌形象和声誉的维护，确保裂变营销活动的品质和效果，避免出现质量问题和服务问题，损害品牌形象和声誉；要采用安全可靠的技术手段，保护企业和用户的数据安全与信息安全；建立完善的风险管理体系，包括风险分类、风险评估、风险预警、风险应对等环节，加强风险管理和监控，提高风险应对的能力和效率。

总之，企业需要在实施裂变式增长时，制定明确的风险控制策略和方案，通过不断的风险控制和管理，来提高裂变式增长的效果和稳定性，保障企业和用户的权益和利益，推动企业的持续创新和发展。

☞复盘总结经验

复盘总结经验是实施裂变式增长的重要环节之一。通过对裂变营销活动进行复盘总结，企业可以深入了解活动的效果和问题，及时发现和解决问题，提高裂变营销的效果和稳定性，从而实现裂变式增长。在进行复盘总结时，企业需要根据自身的裂变目的和策略，选择合适的复盘指标和目标，包括裂变率、邀请转化率、用户留存率、用户转化率等，并设定相应的复盘计划和时间表，选择的复盘样本和复盘群体需要具有代表性和可比性，以确保复盘结果的准确性和可靠性；通过数据分析和监控，可以了解裂变营销的效果和稳定性，及时发现和解决问题，优化和调整裂变营销策略；通过复盘总结，企业可以了解裂变营销的效果和问题，总结经验和教训，进而优化和调整裂变营销策略，实现裂变式增长；要建立复盘总结机制，定期进行复盘总结，及时发现和解决问题，优化和调整裂变营销策略，提高裂变营销的效果和稳定性。

总之，企业要设定明确的复盘指标和目标，选择合适的复盘样本和群体，进行数据分析和监控，结合复盘结果，建立总结机制，定期进行复盘总结。企业通过不断地复盘总结和优化，来提高裂变营销的效果和稳定性，推动企业的持续创新和发展。

第四章

组织裂变：
实现裂变式增长的基础

企业要实现裂变式增长，需要组织效率高、决策速度快，能动态配置组织资源。组织设计可以考虑扁平化网络、项目制和矩阵结构三种模式。扁平化网络可以加快信息流通，提高工作效率。项目制可以实现跨部门协作，将资源快速集中用于关键项目。矩阵结构可以实现资源的动态重组，最大限度地适应环境变化。而组织文化要鼓励创业精神，支持灵活变通、快速执行，从而实现组织的裂变式增长。

【典型案例】

Airbnb（爱彼迎）通过组织裂变，让员工在社交媒体上分享Airbnb的故事和体验，通过自我传播和分享，扩大了Airbnb品牌的知名度和影响力。此外，Airbnb还通过组织内部的创新和沟通平台，鼓励员工分享和传播创新思想与实践，来促进企业的持续发展和创新。

美团通过组织裂变，建立了一套完整的员工分享和传播体系，鼓励员工向朋友和家人介绍美团，并通过推荐获得额外的奖励和福利。而且，美团还通过组织内部的培训和沟通平台，激励员工分享和学习最佳实践，提高组织的整体创新能力和竞争力。

组织决定效率和速度

组织决定效率和速度。构建一个信息化、项目化、扁平化、敏捷运作和授权下放的组织，注重技术与制度创新，是实现裂变式增长的前提，也是实现高效和高速运转的基本途径。具体实践路径和操作要点如下。

☞**扁平化结构**

扁平化结构的重点是设计简单清晰的组织层级，构建独立但相关联的模块和团队，减少中间环节，鼓励部门和团队间的密切协作。这可以最大限度减少组织运作的磨损与阻力，产生更高的速度和效率。

第一，组织的层级设计要尽量简单、扁平，以3~6层为宜。少层级可以减少信息传递的失真与延迟，最大限度保持信息的即时性与准确性。

第二，属下人员较多但直接上级较少，这需要更大的管理范围和授权，以免产生"瓶颈"。属下人员在一定范围内可以灵活调配、相互协调。

第三，将组织划分为相对独立的业务模块或职能模块。模块内部采取扁平化设计，各模块通过矩阵结构或项目组织实现联动，这既保证了专业化管理，也实现了资源的快速重组。

第四，尽量减少管理层级和会议，让中间管理者角色更侧重协调和支持，从而利于信息和决策更快地流转。

第五，在矩阵结构或项目组织中，人员可以在部门之间流动，这需要部门间的密切合作与信息共享。

第六，团队内部采取扁平化协作方式，团队间通过工作衔接实现有机结合，团队构成人员可以根据项目需要灵活变动。

☞敏捷流程

敏捷流程的重点是简单、高效的设计，注重沟通协作，鼓励试错与持续改进，这可以大大提高组织的运作速度，保持流程的适应性。此外，敏捷流程还依赖于权限下放与快速决策，这有助于激发组织成员的主动性和创造力。

第一，工作流程设计要简单明了，减少环节和审批，避免过多的复杂控制，保持工作的灵活性。简单的流程更容易被组织成员理解和执行，可以显著提高工作效率。

第二，敏捷流程依赖不同部门和岗位之间的密切沟通与协作，这需要建立畅通的沟通渠道，鼓励开放的思维方式和沟通习惯。

第三，敏捷流程需要权限下放和快速决策机制，使决策可以在最优的时机和最贴近的层级进行，这依赖于对员工的充分信任和授权。

第四，敏捷流程不应过于固化，需要根据实际情况进行灵活调整。组织要建立起流程变更的机制与规则，并鼓励员工基于实践提出改进流程的建议。

第五，敏捷流程允许试错，但要快速检测问题与失败，及时纠正和调整，这需要流程具备较强的容错性与补救机制。试错可以推动工作方法和流程不断改进。

第六，敏捷方法如SCRUM敏捷项目管理可被用于项目管理与产品研发流程设计，其采用的迭代方式与快速反馈机制，有利于流程的灵活调整和持续优化。

☞授权下放

授权下放的要点在于建立互信的组织文化，明确责任与支持制度，加强员工培养与能力建设，并提供工作平台与工具，这可以让下放的权力在组织内得以高效运行，达到最佳效果。同时，授权下放也有赖于权力的逐步下放和员工的逐步成长。

第一，授权下放首先需要建立员工信任的组织文化。管理层需要对员工的能力与意愿充满信心，相信权力下放后员工能够胜任工作并为组织创造价值。

第二，下放权力的同时要明确责任，确保员工对下放的权力负有清晰的责任和义务，这需要制定严谨的绩效管理机制。

第三，权力下放可以逐步推进，从低风险、低影响的领域开始，随着员工能力的提高逐步扩大授权范围，这需要管理者密切观察和评估员工的准备情况。

第四，制定清晰的工作标准、流程和指导方针，为员工的自主工作提供制度支持，但同时也给予了一定的灵活性，允许员工根据实际情况进行调整。

第五，加强对员工的职业培训与能力建设，确保员工具备胜任工作所必需的知识与技能，这是授权下放的前提。此外，提供的培训需要覆盖管理与协调能力。

第六，建立信息共享的平台与工具，为员工的工作协作和自主运营提供便捷的环境和条件，这有助于实现更广泛和更深入的授权下放。

☞项目化运作

项目化运作的关键是建立专门的项目组织，明晰工作目标，指定项目经理与授予项目组权限，并提供必要支持。同时，还需强调快速反馈、项目评估和经验总结，不断提高项目化运作的能力和水平。

第一，将工作任务组织成项目形式开展，成立专门的项目组进行管理与执行。项目组由相关职能部门的人员组成，实现跨部门协作。

第二，每个项目都需要制定清晰的项目目标和预期成果，作为项目组工作的导向和评估标准。此外要注意的是，项目目标需要得到相关部门和高层的认同与支持。

第三，指定一名项目经理，负责项目的计划、资源调配和管理，确保项目高效运行。此外，项目经理还需协调不同部门的工作，解决项目实施中的问题与障碍。

第四，项目组要获得项目实施所必需的权限，以便自主调配资源和管理项目进展。同时，项目经理要有足够的权限进行跨部门协调，这就要求项目组内要实现较高程度的权力下放。

第五，项目实施需要建立快速反馈机制，及时检测问题并作出调整。项目经理要经常跟进项目进展，主要相关部门也要定期评估项目效果，作出遴选改进。

第六，项目组需要获得必要的存在性资源，如运行经费、办公场地、设备等。职能部门也要提供专门的服务支持，确保项目实施所需的各类资源。

第七，项目结束后，项目组需要对项目实施进行总结评估，提炼出项目管理和业务方面的经验教训。这些经验教训应在组织内广泛分享，供将来的项目参考借鉴。

☞ **创新驱动**

构建创新驱动的组织需要健全完善的机制与制度设计，注重员工创新意识和个人创新的激励，并在管理层展现明确支持。同时，还需要开放的合作与交流形式，密切关注外部新知识与新技术。同时，创新驱动的组织也意味着对失败的容忍，这有助于实现持续创新。

第一，管理层需要高度重视组织的创新文化建设，将其作为实现持续发展的关键要素，这需要不断强化员工的创新意识，鼓励创新思维和实践。

第二，建立开放的知识与想法分享机制，提供给员工交流创意的场合与平台。定时的知识分享可以不断激发新的创意，项目后评估也可以检视组织的创新能力。

第三，创新文化需要能容忍一定的失败与错误，允许员工在探索中试错，但同时也要将失败作为经验与教训积累；管理层也不应过度强调惩罚，而更应关注分析失败的原因。

第四，除组织设置的机会外，也要鼓励员工自主提出创新想法与方案，这需要建立健全的个人创新激励机制，如专项奖励基金等。个人创新是组织整体创新力的重要源泉。

第五，组织要注重对行业发展前沿与技术趋势的跟进研究，不断丰富知识结构，发现新的机会与创意，这需要投入资源开展并寻求外部专业支持。

第六，开放的组织形式有利于激发组织内外部的创新合作。管理层应积极探索与外部机构、顾问的创新合作，跨部门、跨层级的内部合作也要加强。

☞ **信息化建设**

信息化是实现组织高速运转的基石。信息化建设需要投入设计与开发标准化的信息管理系统，实现信息广泛共享；运用大数据技术挖掘信息价值；构建移动化访问平台；不断更新升级信息技术；加强对员工的信息化培训，这可以为组织高效运作与决策提供有力支持。

第一，投入资源开发组织信息管理系统，实现对工作数据和信息的标准化采集、存储与分析应用。信息系统需要覆盖组织运营的各个方面。

第二，在保障信息安全的前提下，信息系统要实现信息在组织内的实时共享，这需要标准化的信息格式和编码规则，以及易于使用的共享平台。

第三，信息系统采集和整合的大量数据，需要组织进行有效分析，挖掘其中的价值信息并作出科学决策，这需要投入专门的人员和资源进行数据分析与应用。

第四，信息系统要适应移动化的数字化浪潮，使用云技术构建便于访问的移动平台，方便员工通过各种移动端进行信息获取与交流工作，这有助于提高工作效率和组织协作的及时性。

第五，信息技术变革迅速，信息系统需要不断升级以适应新技术与新产品。管理层要重视对信息化建设的持续投入，才能确保其对组织发展的战略支撑作用。

第六，加强对员工信息化相关知识与技能的培训，特别是信息系统的具体应用方法与技巧，这有助于员工熟练使用信息系统，发挥其在工作中的作用，提高各岗位的信息化运用水平。

构建扁平化组织网络，提高工作效率

构建扁平化组织网络的关键在于简单清晰的组织层级、宽松弹性的管理范围、明确的责任权限、模块化的组织单元、减少中间管理层级、弱化部门壁垒、重视团队建设。这些都是关键点，可以极大地提高组织的速度、灵敏度和适应性。具体的实践路径和操作要点如下。

☞ 简单清晰的组织层级

简单清晰的组织层级是实现扁平化网络的基础，可以大幅提高信息流通的速度和准确性，使决策更贴近实际，从而显著增强组织的运作效率和应变能力，其表达了整个组织架构设计的理念与方向。

第一，减少层级可以减少信息在层级间传递的损耗，确保信息的准确性和及时性。3～6层的结构较为合适，这要求在简洁的层级设置中实现较宽范围的管理与较大的权限下放。

第二，注重将更多的责任与权限下放至一线，精简甚至取消中间管理层级，这可以加速信息和决策的流通，但也要求管理者具有较强的技能与开阔的视野，能有效协调和监督较广的工作范围。

第三，在简单的层级中要明确各层级的定位与作用。高层负责战略决策与方向性指引；中层侧重协调、支持与监督；基层专注日常业务与具体工作任务。层级职责的清晰有助于权责的明确与工作的高效开展。

第四，各层级之间保持广泛和顺畅的沟通，特别要加强高层与基层的交流互动，以利于及时发现和解决问题，确保高层的决策符合实际情况。第五，简单清晰的组织层级具有较高的灵活性，可以根据环境的变化和工作的需要进行及时调整与重组，这需要建立起相应的规章制度来指导层级设置的修订与调整，并确保调整不会影响工作的连续性。

☞ **宽松弹性的管理范围**

宽松弹性的管理范围可以极大地提高管理效率和组织运作的灵活性，使管理者从过多的细节工作中解脱出来，更加关注战略与方向的把控。同时，也可以充分激发员工的工作热情与创新思维。

第一，每个管理者直接管理较多的下级人员，这要求管理者具有较强的技能与能力，能够妥善协调并监督广范的工作任务。如果直接下级过少，就要避免造成"瓶颈"，影响信息流通和决策的速度。

第二，在宽广的管理范围内，员工及部分中间管理者需要获得较大的自主权限，以保证自己可以在一定范围内自主工作和灵活调配资源。这可以减轻上级的工作负荷，加快问题的解决速度。但也要建立监督机制，确保权限的适当行使。

第三，在工作任务的调配与资源的配置上展现较高的灵活性。管理者应根据实际情况对属下资源进行动态调配，而非机械地归属。这需要优化和简化资源配置流程，赋予下属一定的自主权限。

第四，宽广的管理范围意味着工作任务和问题的复杂性都较高，这需要下属之间以及管理者与下属之间建立广泛的沟通与协作。协作可以汇聚更多的智慧与创意，共同应对宽广范围内的各种情况。

第五，在制度和文化上对部门界限实现一定的弱化，促进跨部门人员的交流与互动，这可以发挥员工的专业技能，同时实现资源的最优配置。

☞ **明确的责任权限**

明确责任权限以让每位员工清楚自身应尽的责任，并在既定的权限范围内充分发挥自身能力；同时也让上级可以及时了解状况并采取必要行动。明晰的权责体系是实现扁平高效管理的基石，亦是管理高效灵活的前提和保证，代表了组织的规则与秩序。

第一，在简洁的层级结构中，每个层级的主要职责必须清晰。高层负责战略决策和方向性指引；中层侧重协调、支持和监督；基层专注具体工作任务。层级职责的明确可以确保工作重心的正确把握和资源的高效利用。

第二，每个层级所承担的职责必须匹配相应的权限，否则无法有效履行职责。较大的职责要求具有较高的权限，这也要求权限的授予与使用必须在一定制度的规范下进行。权限与职责的匹配有助于激发工作积极性。

第三，将更多的权限下放至基层，赋予其一定的自主权，以便灵活、高效地完成工作任务。这要求权力下放必须在职责明晰的前提下进行。同时，基层也需要具备匹配的能力与素质来担当更大的权限，并在使用中接受必要的监督。

第四，随着权限的下放，绩效管理变得尤为重要。需要建立科学的绩效考核体系来评估权限使用的情况和工作成果，以利于各层级对自身的权限与责任有更清晰和更准确的认识。

第五，扁平化网络要求有更为广泛和深入的沟通，这需要建立从上至下的沟通渠道。良好的沟通机制可以及时发现工作中的问题，也让上下级对对方的想法与诉求有清晰的了解，做到权责明晰。

☞ **模块化的组织单元**

模块化的组织单元可以根据业务、产品或职能等方式进行划分。各模块内部采取扁平化模式，跨模块通过矩阵管理等方式协作。这需要注重信息共享，营造开放合作的氛围。模块化的网络具有专业化与灵活性相结合的优势，是构建学习型与创新型组织的重要途径。

第一，根据业务领域和工作性质，将其划分为相对独立但内部紧密关联的业务模块。每个业务模块内部采取扁平化设计，模块之间通过矩阵管理或项目实施实现协同。这种划分可以发挥专业化效应，同时也能保证内部的高效协作。

第二，可以以产品或服务为导向划分模块，每个产品模块负责研发与管理相关产品。这种模块化方式有利于产品创新，单元之间可以通过产品平台实现互操作和共享。这要求产品架构具有一定的开放性与兼容性。

第三，可以按职能领域如研发、市场、人力资源等划分相应的职能模块。各模块内部采用扁平化模式，通过矩阵管理实现跨模块协作。这种方式可以深化专业能力，但要防止模块内部"孤岛"现象的产生。

第四，可以采用开放的方式，吸收外部的人员、技术或资源组成某些业务模块。这可以为组织注入新鲜血液，实现快速吸纳新的技能与理念，但要在制度上妥善规范外部合作的模块，防止知识产权等隐患。

第五，模块化单元之间需要建立广泛的信息共享渠道，促进各模块的密切协作。这是发挥模块化优势，实现整体优化的前提。此外，信息共享机制还需要具备一定的标准化，方便信息在各模块间的流通与使用。

☞ **减少中间管理层级**

减少层级是实现扁平化网络的根本手段，代表组织追求高效与灵活的理念，也是建构简单扁平架构的技术与方法的体现。这需要管理层具有开阔的视野与强烈的意识，并在实施中不断总结经验，优化相关制度体系。

第一，检查现有的管理层级，对于重复或重叠的层级进行精简或撤消。通常保持3～5层的架构较为合理，过多的管理层级会增加信息损耗和决策周期，影响组织的灵活性与速度。

第二，每个管理层级的直接管理范围应适当扩大，这要求管理者具备较强的协调与监督能力。扩大的管理范围可以减少层级，但也容易造成管理的过度分散，这需要建立有效的沟通机制与绩效管理体系。

第三，随着管理范围的扩大，应向更低层级适当下放权限，增加其自主性，这可以减轻高层的工作压力，提高工作效率。但权限下放必须在职责清晰的基础上进行，并建立适当的监督机制。

第四，组织可以通过项目的方式建立跨部门或跨层级的工作团队，由项目经理统一管理。这可以在项目实施期间临时顶替原来的中间管理层级。项目结束后，项目团队可以选择保留或解散。这种方式具有较高的灵活性。

第五，组织也可以通过引入外部的管理资源或人才，在必要时替代原有的中间管理层级。这需要在按照制度规范使用外部资源的同时，加强内部管理人员的培养，以避免过度依赖外部因素。

第六，要加大对现有管理人员的培养力度，以扩大管理范围和减少管理层级。这需要加强对管理知识与技能的训练，开阔管理视野，并在实践中总结经验。

☞ 弱化部门壁垒

弱化部门壁垒代表组织追求整体优化与协同的价值取向，是实现高效资源配置与知识创新的重要途径。这需要管理者具有跨部门协作的意识与能力，在实施中凝聚共识并不断修正完善。

第一，要在制度设计上采取措施以减弱部门界限，如统一的职业发展路径、资源共享机制等。这可以在一定程度上淡化部门隶属关系，促进跨部门流动，但仍需在框架内保留必要的部门设置。

第二，塑造跨部门协作的文化氛围，鼓励员工在工作中寻找合作机会。这需要通过培训、交流等方式，增进部门人员的了解与信任。

第三，可以通过项目的方式组建跨部门团队，在项目实施中加强部门间的互动。项目完成后，相关人员可选择保留跨部门合作关系。项目实施可以产生直接且微观的部门协作，也有利于发现存在的制度障碍。

第四，应在条件允许的情况下，对关键岗位进行轮换，可以选派不同部门的人员担任。岗位轮换让人员从不同的角度认知业务流程与规则，有助于部门壁垒的打破，但也需考虑人员的专业背景与发展。

第五，组织的办公空间设置也会影响部门之间的互动。开放式办公模式可以增进不经意间的交流，会议室和休闲区的设置也可以鼓励跨部门交往。这需要有长期的办公室租赁来保证格局的连续性。空间重组需要与业务变化相协调。

第六，引入外部的人员或资源也可以在一定程度上减弱原有的部门壁垒，带来新的思维和做事方式。但外部输入需要在使用上进行必要的规范和引导，且不应过度依赖。

☞ **重视团队建设**

重视团队建设是激发组织活力、实现工作创新理念的重要途径。要广泛采用项目团队和专业团队，在条件成熟时发展自我管理团队。良好的团队建设可以有效发挥个人的工作潜能，实现资源的优化配置，提高工作的整体效率。

第一，组织应广泛采用项目团队的方式完成工作任务。项目团队具有跨部门与跨层级的特征，可以在项目期内实现资源的临时重组。这需要明确项目目标与团队构成，并做好项目结束后的人员安置工作。

第二，组织也可以按专业领域建立相对稳定的专业团队。专业团队应采取扁平化构架，在矩阵管理下开展工作。这可以发挥专业化效应，但也需防止"孤岛"现象。

第三，在条件成熟的情况下，组织可以探索建立一定程度的自我管理团队。团队成员可以在规定的权限范围内自主调配资源与分工任务。这需要团队具有较强的凝聚力和自我管理能力，可以在规定的权限范围内自主调配资源与分工任务。

第四，无论项目团队、专业团队还是自我管理团队，定期的工作方式的团队建设培训都是必要的。培训既可以增进理解、提高协作效率，也有利于总结经验，发现团队建设中存在的问题。

第五，组织需要倡导团队合作的文化氛围，这需要在企业文化中融入团队建设理念，要求管理者和员工具有较强的团队意识，在具体工作中体现出来。良好的团队文化有助于消除部门壁垒，实现资源最优配置。

第六，个人绩效考核体系需要与团队业绩相结合，这可以激发个人对团队目标的贡献与支持。但也需区分个人工作与团队工作，按其特点设定相应且公平的绩效考核方式与占比。

引入项目制，实现项目团队跨部门联动

引入跨部门项目团队需要投入建立专业的项目管理组织，明确工作目标与授权，加快反馈速度，获取资源支持，并不断汇总与学习项目实施经验。这可以增强组织的协作与创新能力，有效推动组织发展目标的实现。

以下是实践路径和操作要点。

☞ **成立专门的项目组**

成立专门的项目组不仅需要在明确项目目标的基础上选择合适的项目成员，指定项目经理，制订切实可行的项目计划，还需要部门与不同项目的大力支持与配合。专门的项目组可以在项目周期内实现资源的优化配置，激发组织活力。但项目结束后，成员也需要及时返回原部门。需要明确的是，项目组的建立应作为一种常态化的工作方式和组织形式。

第一，项目启动前，需要明确项目的具体目标与要求。

第二，项目成员应来自相关部门，按项目目标选择具有相应技能与知识的人员参与。

第三，项目需要指定一名项目经理，对项目实施进行全面协调与管理。项目经理需要具有较强的沟通与统筹能力，可以在项目范围内进行资源优化配置。项目经理的主要职责是推进项目进度、团队建设与成员发展。

第四，在明确项目目标与组建项目团队的基础上，需要制订详细的项目计划。项目计划应包括项目阶段、时间安排、任务分工、资源配置、风险管理等内容。

第五，项目团队的人员来自相关部门，所以部门的大力支持与配合对项目的实施至关重要。部门需要在项目启动时提供相应的人员与资源，并在项目实施中给予系统的技术支持。

第六，不同项目之间也需要保持一定的协同，这需要项目经理之间开展定期交流，在资源使用与制度规则上实现一定的配合。

☞ **明确项目目标**

明确项目目标需要考虑业务需求，在挑战性、可衡量性与时效性之间求得平衡。项目目标的科学性直接影响组织良性运转的效率与效果。项目目标的时效性决定了组织作为一个整体运转的节奏感。

第一，项目目标应来自组织的业务发展需求，是实现组织战略或解决具体业务问题的手段。项目启动前，需要进行深入的需求分析与规划，明确项目要达到的业务目标。

第二，项目目标应具有一定的挑战性，如果过于保守易达成，不利于激发项目成员的工作热情。适度的挑战性项目目标可以推动相关业务的进步与发展。

第三，项目目标应可衡量，可以在项目实施后进行评估。如果项目目标难以衡量，也应在项目计划中提出相应的评估机制。

第四，项目目标应具有一定的时效性，可以在项目阶段或周期内达成。时效性项目目标可以避免项目陷入长期的实施过程，推动项目工作的节奏感。

第五，项目目标的设定需要在项目启动前与项目成员进行深入沟通，达成统一的理解与认知。这需要充分听取成员的意见与建议，在目标设定中取得共识。统一理解的项目目标更容易激发团队的工作热情，利于后续的项目管理与实施。

第六，当项目目标来自不同的业务需求，或项目涉及不同专业领域时，目标协调就显得尤为重要。这需要具有较强的整体观念，以在目标设定中实现可操作性与一致性。协调一致的项目目标可以避免工作的重复或矛盾，从而实现资源的有效整合。

☞ 指定项目经理

指定项目经理需要明确其主要职责，选择具有较强协调与专业能力的人员。项目经理的选择与管理直接影响到项目的效率与效果。

第一，项目经理应具有明确的职责，主要包括项目进度管理、资源配置、团队建设与绩效考核等。项目经理需要根据项目计划及时推进各项工作，并在实施中不断检讨与修正。

第二，项目经理应具有较强的沟通与协调能力，可以在项目内部实现资源的优化配置，化解项目团队中的矛盾与问题。同时，在项目外部也需要与相关部门保持良好的协作关系。

第三，项目经理需要具有和项目相关的专业知识，可以在项目实施中给予技术支持与指导。当项目涉及多个领域时，项目经理需兼具综合视野。

第四，项目经理需要获得一定的权限，可以在项目范围内自主调配资源与配置项目团队。权限授予需要在项目启动前与相关部门达成共识。

第五，项目经理的工作激励需要与项目进度和效果挂钩，因此需要在项目经理的绩效考核中明确项目相关的指标与考核方式。

第六，项目经理应采取定期培训与岗位轮换制度，不断提高其专业技能与管理能力。这需要组织提供系统的项目管理培训内容，定期邀请项目经理交流与分享经验。

☞**授权项目组**

授权项目组需要在权责对应与加强监督的前提下，给予一定的职责与资源授权。绩效考核体现组织结果导向的管理理念，权责对应是组织良性运作的内在要求，制度保障为组织的稳定发展提供基础支持，过程监督保证组织在自主权与效率之间的动态平衡。

第一，项目组需要获得明确的职责授权，可以在项目范围内自主推进工作，制订具体的实施方案。适当的职责授权可以激发项目组的工作热情与创造性，促进项目目标的实现。

第二，项目组需要获得一定的资源授权，可以在项目期限内自主管理与配置相关资源，包括人员调配、经费使用与设备运维等。

第三，项目组的授权需要与相应的责任对应。权责对应需要在项目启动前与相关部门或上级进行深入沟通，达成一致的认知与要求。同时，权责对应可以促进项目组充分发挥授权，达成项目目标。

第四，项目组的工作绩效考核需要与项目授权相匹配，这包括对项目进度、资源使用与团队建设等方面进行综合考核。而且，考核结果也应作为对授权范围进行检讨的重要依据。

第五，项目组的授权需要在组织的相关制度中予以明确，特别是在资源管理与绩效考核制度上予以体现。

第六，虽然项目组拥有一定的自主权，但对项目实施过程仍需进行必要的监督与指导。适度的过程监督有助于最大限度地发挥项目组的积极性，防止工作偏差。

☞**快速反馈机制**

建立快速反馈机制需要在项目进度的持续监测与定期绩效评估的基础上广泛收集存在的问题与改进的意见。快速反馈机制体现组织的实时自我修正与优化能力；经验总结保证组织在学习与创新上的持续进步；管理调整实现组织运行的智能化与柔性化；问题收集是组织实现广泛协作的基础，也是管理决策的重要依据。

第一，对项目的进度与工作进程进行持续监测，这包括重要节点的完成时限、资源使用情况与工作计划的执行等。

第二，在项目实施的不同阶段建立绩效评估机制，对项目的工作任务与进度进行检讨，可以发现工作偏差与业绩失衡的情况，有助于项目经理与团队采取及时修正措施。绩效评估要综合考虑项目目标与资源投入，结果应作为经验总结与后续项目规划的重要依据。

第三，建立快速的问题收集机制，在项目实施过程中广泛收集相关问题与障碍。

第四，在问题收集的基础上，需要对相关问题与意见进行整理评价，并快速反馈给项目团队。

第五，在问题反馈的基础上，需要及时对项目计划与管理方式进行相应调整，包括优化资源配置、改进沟通机制等。

第六，在项目结束后，需要对项目实施全过程进行总结与提炼。项目经验总结可为后续项目管理提供借鉴，是组织学习的重要来源，需要在组织范围内进行分享，以扩大影响力。

☞提供支持条件

提供支持条件需要在资金、技术、培训与设备等方面为项目实施提供一定的保障，这需要相关部门与组织在项目关键节点提供人员支援，并营造全面支持项目的氛围。支持条件体现组织管理在服务与支持项目实施方面的主动性与全面性，组织氛围是组织在文化层面形成协作共识的重要基础，资金保障与设备支援为组织提供物质基础，人员支援体现组织动态调配资源的机制灵活性，培训机会保持了组织不断吸收新知识与提高整体素质的能力。

第一，项目的实施需要一定的资金支持，包括项目启动资金、人员培训费用、设备更新等。

第二，项目实施可能需要相关部门在技术上提供支援，包括对关键技术难点的咨询与解答和对新技术的培训与指导等。

第三，项目实施需要相关人员接受必要的培训，包括项目管理培训、团队建设培训与专业技能培训等。

第四，项目实施过程中可能需要使用相关设备，这需要部门或组织在使用权限、操作人员与维护保障上提供相应的支援。

第五，项目实施可能在一定阶段内需要临时增加人员以完成工作任务，这需要相关部门根据项目工作需要抽调或外聘相应人员提供支援。

第六，组织需要营造支持项目实施的良好氛围，包括在文化上倡导跨部门与跨专业协作，鼓励创新与敢于尝试。

构建矩阵结构，实现资源的动态配置

构建矩阵组织结构的要点在于保持部门专业化，同时增添项目组和业务模块的弹性应变机制。这需要各组织间广泛协作，建立双重领导与动态资源配置制度，不断提高信息共享与学习能力。矩阵结构可以在专业化管理与敏捷应变之间实现良好的平衡。以下是实践路径和操作要点。

☞ 保留部门结构

构建矩阵结构需要在保留部门结构的基础上建立项目网络，这不仅需要明确项目管理与部门管理的主体与权限，健全高效的协同机制与沟通网络，还需要进行岗位适配，加强人员在复杂环境下工作的培训。

第一，明确项目管理与部门管理的主体与权限划分。项目经理在项目范围内享有资源配置权，但不涉及人员的入职与离职。部门主管在部门日常工作中行使管理权，但项目实施期间需要配合项目经理。

第二，项目网络与部门结构需要建立健全协同机制，在资源配置与工作任务上实现高效配合。

第三，在部门设置与项目需求之间实现岗位适配，这需要部门主管根据项目网络对现有部门结构进行调整，设置新的岗位或分解现有岗位。岗位适配要考虑人员的专业胜任能力，同时满足项目任务需要。

第四，加强人员在多元化的项目管理与协同工作方面的培训，这包括项目管理知识培训、沟通协调技能培训与综合素质的提高等。

第五，建立广泛的沟通平台，便于项目网络与部门机构进行信息交流，这包括定期会议、管理软件与项目空间等。

☞ 建立业务模块

要识别组织的主要业务流程，划分成相对独立的业务模块，这不仅需要根据模块特征对相关部门的工作内容与职责进行适当调整，制定量化的产出指标，指定业务负责人进行统筹，还需要加强对业务流程的管理，通过信息化手段实现监控与优化。合理的模块激励机制可以推动模组内实现高效的协同与资源整合。

第一，根据组织的主要业务流程与工作产出，识别相关的业务模块。业务模块应基于业务的完整流程，而不限于某一个部门。识别业务模块需要从客户与市场的角度进行，把握业务关联的逻辑顺序。这需要相关部门密切配合，避免因由某一部门主导而忽视整体关联。

第二，根据业务模块的需求，对相关部门的工作内容进行调整与划分，这不仅包括对部分工作内容进行重新组合，还包括根据模块需要设置新的工作内容。工作内容的划分要在保证部门正常运转的前提下进行，并告知部门主管与相关人员。

第三，为每个业务模块制定量化的产出指标，以进行工作考核与绩效评价。产出指标要根据客户与市场的实际需求确定，并体现业务模块的整体价值。

第四，为每个业务模块指定相关负责人，主要负责模块内的工作统筹与协调。业务负责人可以在模块内部署资源，推进各项工作任务，但不涉及对人员的综合管理与绩效考核。业务负责人应具有较强的沟通与协调能力，以及相关专业知识。权限授予需要在相关部门之间协商一致。

第五，要加强对业务流程的管理与控制，避免工作出现脱节或矛盾。要利用信息化手段跟踪业务流程，并建立快速反馈机制。

第六，根据业务模块的产出指标，建立与之相匹配的激励机制，这包括对业务负责人与人员进行结果导向的绩效考核。

☞ **实施双重领导**

双重领导需要指定部门主管与业务负责人，并明确其相应的权限范围。这不仅需要建立高效的沟通协调机制，实现在资源配置与工作进程中的配合，还需要采用结果导向的综合考核机制，同时考核部门主管与业务负责人的工作绩效。为了支持双重领导，需要加大对相关人员特别是管理人员的培训与发展投入。

第一，部门主管在矩阵结构中仍负责本部门的日常管理，包括人事管理、工作任务分配与绩效考核等。部门主管需要密切关注部门的正常运转，保证基本工作的完成。但在项目实施或业务模块推进期间，部门主管也需要配合业务负责人进行必要的人员与资源调配。

第二，业务负责人在矩阵结构中负责相关业务模块的工作统筹与协调，这包括在模块内部署资源、推进工作进展、检查工作质量等。业务负责人的指定需要根据模块的特征与要求，由相关部门主管共同确定，并报相关主管任命。需要注意的是业务负责人应具有较强的沟通与协调能力。

第三，要明确部门主管与业务负责人的权限范围，避免在实践中出现管理漏洞或矛盾。部门主管在日常管理中对部门人员享有较大权限，但在项目或模块期间需听取业务负责人的意见。业务负责人在模块期间可以在资源配置与工作进程上行使一定权限（权限范围需要在书面制度中清晰界定），但不涉及对人员的考核与异动。

第四，部门主管与业务负责人建立高效的沟通协调机制，在资源配置、工作任务与结果考核等方面达成一致。

第五，要建立科学的综合考核机制，同时考核部门主管与业务负责人的工作绩效。考核机制要根据部门日常工作与业务模块的产出进行综合评价。考核结果应作为对部门主管与业务负责人继续任用或轮换的重要依据。

第六，加强部门人员的培训与发展，特别是在业务管理与协同工作方面进行强化。相关部门也应为部门主管与业务负责人提供锻炼的机会，不断提高其管理与沟通能力。

☞ **灵活调配资源**

实现资源的灵活配置需要识别业务所依赖的关键资源，构建相应的资源池。这不仅需要制订科学的资源供需规划，并建立高效的调配机制与流程，还需要提供相关的培训、技术与管理等方面的支援保障，也需要建立监测机制，对资源的配置与使用情况进行评估与反馈。资源的灵活配置可以满足业务的动态需求，实现组织资源的优化配置与整体效能的发挥。

第一，识别组织完成业务所依赖的关键资源，包括专业技能、设施设备、管理软件与工作经验等。关键资源的识别需要按业务流程进行，并与产出目标结合。

第二，按专业领域或技能特征构建相应的资源池，主要包括人力资源池与非人力资源池。

第三，结合业务计划，对关键资源的供给与需求进行科学预测与规划，包括制订合理的人员编制与设备更新计划。其中资源的供需规划要以满足客户与市场需求为出发点，同时兼顾成本控制。

第四，制定明确的资源调配机制与流程，便于业务模块或项目实现资源的快速配置与调整，这包括资源申请与审批流程、资源使用期限与范围等方面的规定。其中资源调配机制要做到在满足业务需求的基础上简洁、高效。

第五，为实现资源的灵活配置提供培训、技术与管理等方面的支援，这包括加强对资源池人员的培训与发展、建立设备共享的技术支撑平台、改进资源管理软件系统等。

第六，建立监测机制，对资源配置与使用情况进行跟踪评价，这包括对资源调配的及时性与效率进行检查，对资源在项目或模块中的发挥程度进行评价。监测与评价可以发现资源配置与使用中存在的问题，为后续供需规划与优化提供依据。

☞ **明确责任权限**

明确责任权限需要界定部门主管与业务负责人的主要责任，并根据责任内容授予相应权限。这不仅需要遵循权责统一与控制分散相结合的原则，明确授权内容与范围，也需要建立高效的沟通机制，加强过程监督与控制，还需要加大对管理者特别是部门主管与业务负责人的培训投入，不断提高其职业素质与工作能力。

第一，部门主管在矩阵结构中的主要责任是对本部门的日常管理与运转负责。这包括人员的管理与考核、工作任务的分配与监督、资源与环境的配备等。部门主管不仅需要在组织制度中进行清晰界定，作为其绩效考核的重要依据，还需要密切关注部门基本工作，确保各项工作正常开展。

第二，业务负责人在矩阵结构中的主要责任是相关业务模块的工作统筹与推进。这包括在模块内部署与协调资源、推动各项工作进展、监测工作质量与进度等。业务负责人不仅需要在书面制度中明确规定，用于考核其工作表现，还应以客户与市场需求为导向，促进模块各项工作向产出目标聚合。

第三，在矩阵结构中，权限的设计应遵循权责一致与分散控制相结合的原则。

第四，要在书面文件中详细规定部门主管与业务负责人的授权内容，包括资源配置权、工作审批权、项目或模块监督权等。关于授权内容，首先，应与相应责任相匹配，使管理者在职责范围内可以充分发挥作用；其次，需要考虑对方权限，形成一定的制约机制；最后，授权内容的规定需要在相关部门之间进行广泛协商，并报上级主管批准。

第五，建立高效的沟通机制，加强对管理者在权限行使中的沟通与控制，这包括在重大问题上进行协商决策、在工作实施中进行过程监督等。

第六，加大对部门主管与业务负责人的培训与发展投入，这包括加强其在沟通技能、战略选择与控制手段等方面的学习与锻炼。

打造组织文化，鼓励创业精神

要打造鼓励创业精神的企业文化，关键是倡导创新理念，容忍失败，鼓励个人创业，营造开放、包容的氛围并加强内外部合作，这需要管理层的高度重视与大力推动。以下是实践路径和操作要点。

☞ **倡导创新理念**

倡导创新理念。首先，需要构建学习型企业文化，开展系统的创新教育，不断丰富人员的知识与眼界；其次，需要在组织内成立创新管理与推进机构，强化创新的日常管理与持续关注。

第一，构建学习型企业文化，鼓励人员不断学习与思考。这包括强调理论与知识的学习，重视对新技术与新概念的关注，鼓励人员进行副业学习等。学习型文化可以不断扩大人员的知识面与格局，为创新创意的产生提供土壤。

第二，开展有针对性的创新教育，包括创新理念的培训、创新方法的学习与创新案例的分享等。这可以使人员系统理解创新的内涵与价值，熟悉不同的创新工具与路径。创新教育的开展需要委托专业机构或创新顾问进行，并兼顾不同层级与类型人员的需要，同时需要投入一定的时间与资金予以支持。

第三，要在组织内部设置创新管理与推进负责人，专门负责创新理念的传播与创新项目的推进。首先，创新负责人应具备较为丰富的创新管理经验和较强的协调推进能力；其次，创新负责人的设置要能够实现创新的常态化管理与持续关注，并在实际工作中发挥示范作用。这需要经相关部门协商后由管理层予以任命。

☞ 容忍失败

容忍创新失败需要建立试错机制，为创新探索提供容错空间。要从失败中发现推动成功的经验，并加以总结与分享。要保护在创新实践中发生失败的人员，避免其受到过于严苛的追责，保护人员创新的信心与勇气。

第一，要建立试错机制或制度，为创新实践中的失败提供一定的容错空间。这包括设置试点范围、期限与退出机制等。试错机制需要在风险可控的前提下进行探索，并及时止损或转向。

第二，要强调在失败中汲取的成功经验与教训，将其作为下一次尝试的基础。这需要对创新失败案例进行梳理与总结，析出推动成功的因素与经验。相关创新团队应在项目结束后予以反思和总结，并将总结报告上报管理层。

第三，要为创新尝试中失败的人员提供必要的保护，避免其受到不必要的问责或惩罚。这需要管理层在验收创新结果时考虑失败的原因与实际情况，对人员的表现作出公平判断。人员的保护需要避免其由于创新失败遭受职业发展的不利影响。这可以使人员在创新实践中保持更积极主动的心态，不会因害怕被问责而畏惧创新。

☞ **鼓励个人创业**

鼓励个人创业需要为人员创造宽松的环境与条件，在工作中为人员开辟适度的自主空间，提供环境支持、学习支持与资金支持。

第一，要在政策与管理上为个人创业创造宽松的环境，放宽非必要的限制。这包括简化创业项目的立项与审批流程，减少对个人副业与兼职的管控，减少对员工个人时间过于严密的安排等。

第二，要在工作中为人员开辟一定的自主权与决策空间，培养其在相对自由与开放的环境下工作的能力。这包括在项目实施中授予人员适度的自主权，在日常工作中给予人员选择与决策的余地等。

第三，可以对员工个人创业项目或创意提供必要的资金支持，包括创业实践基金、风险投资基金等。首先，资金支持要能够解决人员个人创业的资金困难，推动创意向实际项目转化；其次，资金支持应以推动企业发展为导向与目的。

☞ **开放包容**

开放包容需要在管理与文化层面鼓励不同视角的存在，构建跨部门与跨界的交流互动机制。这需要对外部资源与合作持开放态度，将其作为企

83

业发展的重要战略选择。在内部，需要倡导包容、开放与理性的企业文化，为高效协作与创新营造基本环境与心理条件。

第一，在管理与文化上鼓励不同视角与思维方式的存在，即多元思维。这包括重视非主流观点的听取与采纳、允许不同立场的表达和讨论、接纳不同专业与类型人才加入等。

第二，组织定期的跨部门会议、讲座或知识分享活动，提供员工线上、线下的交流互动机会等。跨界交流可以促进不同视角与知识的结合，为新的机会或业务创意的产生提供契合的基础。

第三，要对外部知识、技术与资本等资源持开放态度，加强外部资源的吸纳与利用。这包括与高校、科研机构联合开展研发与人才培养，吸引风险投资与新兴技术企业进行合作等。

第四，要在战略与管理上重视与外部组织的广泛合作，特别是开放式创新形式的合作。这包括与供应商、客户、竞争对手等开展联合研发、技术交流、市场探索等。

第五，要在企业内部营造开放、包容与多元的文化氛围。这包括倡导差异认可，容忍艰辛与失败，鼓励非同类交往，接纳非主流表达等。包容的企业文化可以让人员在较小的心理压力下进行探索与尝试，为高效协作与创新创造基础。

☞**注重合作**

注重合作需要在重点业务或项目中构建跨部门工作小组，推动资源的动态整合。这需要增强不同部门对共同目标的共识，建立定期或不定期的协作机制。在绩效考核与薪酬体系中增加对协作表现的奖励，以强化人员的合作动力。项目小组、矩阵管理与目标共识可以解决合作中的体制障碍，协作机制与奖励机制则营造出合作的氛围与条件。而注重合作则有助于实现组织的协同效应,为关键业务的发展提供强大动力。

第一,要通过各种方式增强不同部门与人员对共同目标的认识与理解。这里的共同目标主要是指企业战略目标与重点业务目标等。共识的达成可以引导不同部门的人员在行动上实现一致,进而增强合作动力。

第二,要在组织设计上建立形式与非形式的协作机制,包括项目协调会、专家咨询会等。要在组织与管理制度中明确和设定相关机制,并提供必要的过程指引与资源保障。

第三,要在绩效考核与薪酬体系中增加对跨部门合作与协同表现的奖励,以引导不同部门人员建立协作意识。这包括在项目完成或关键节点上对小组或个人的合作贡献进行评价,并在总体绩效考核中予以体现。奖励的设置需要体现管理层对合作重要性的认识,并产生实质性的激励作用。

第五章

战略裂变：重新定义增长边界

　　企业要实现战略裂变，需要在多个方面重新审视并调整战略选择，努力打开新增长空间。简言之，企业需要加速边界扩展，发展多元化业务，开拓创新业务模式，积极整合产业资源，动态调节战略步伐，通过战略突破，打开新的增长空间，从而实现新的增长。

【典型案例】

亚马逊通过战略裂变，从在线图书零售商转型为全球最大的电商和云计算服务提供商之一。亚马逊不断探索和拓展新的业务领域和市场，如云计算、物流、人工智能等，同样实现了多元化发展和裂变式增长。

腾讯通过战略裂变，从在线游戏公司转型为全球最大的社交媒体和移动支付公司之一。腾讯不断探索和拓展新的业务领域和市场，如云计算、人工智能、物联网等，同样实现了多元化发展和裂变式增长。

奇瑞汽车通过战略裂变，从一家传统的汽车制造商转型为一家新能源汽车公司。奇瑞汽车不断探索和拓展新的技术和市场，如新能源汽车、智能驾驶等，实现了裂变式增长和市场领先。

重新定义边界，关注边界扩展与跨界发展

重新定义边界需要从多个维度进行业务拓展，实现跨界发展与增量获得，这包括跨产业发展、跨区域扩张、产品线延伸与生态圈构建等。相关资源的整合也可以推动企业快速跨越边界，打开新的业务空间。边界重新定义是一个动态的过程，需要企业不断根据环境变化与自身发展实施相应调整，打开新的竞争与增长空间。本节给出的实践路径和操作要点具有指导意义。

☞ **跨行业发展**

企业可以向产业链上下游发展，涉入供应商产业或客户产业。这可以实现协同效应，扩大企业的影响力与控制力。相关产业的涉入需要考虑行业关联性及企业相关资源与能力。这需要在现有业务基础上寻找与之相关

联的产业，并评估进入的难易程度与潜在价值。

可以开发与现有主导产品相关的衍生产品，满足客户更广泛的需求。衍生产品跨行业发展可以最大限度地发挥现有产品与品牌优势，降低跨界风险。这需要企业深入分析客户群体的其他潜在需求，在现有研发及营销基础上进行延伸。衍生产品的开发还需要考虑产业关联性，避免过于跨界。

可以涉入消费者其他相近或相关领域的需求，专注于同质客户群体。这样可以避免涉入过于陌生的行业，集中于现有客户的基础，实现需求延伸。其他需求领域的涉入还需要考虑自身品牌定位与形象产生的协同作用。这需要企业对现有目标客户有深入理解，在多个需求维度上进行全面分析，找寻能力范围内的机会点。

可以在现有主导产业基础上，实现产业转型升级，这包括从低端向中高端转型、从单一产品向产品系列拓展、从生产型产品向研发型产品转变等。转型升级可以在现有基础上获得高增长，重新定义企业竞争力。首先，转型升级需要投入大量资源进行产业升级与转型；其次，转型升级需要企业具有一定的前瞻眼光与战略定力；最后，转型升级需要平衡现有业务与未来业务的关系，实现平稳过渡。

可以通过并购的方式快速进入相关行业，获得现成的产业基础与市场资源。并购需要考虑后续的协同与整合，包括商誉损失与融合程度等风险。这需要企业在相关行业寻找适宜的并购对象，并对其资源与业绩进行充分的尽职调查。并购方式需要考虑不同的资本运作手段，并在并购后实现有效控制与管理。

☞ **跨地区拓展**

拓展国内市场可以进一步增加品牌影响力与市场份额，可以在国内拓展新的区域市场，如中西部市场、东北市场等。企业要研究不同区域市场的特点，制定差异化市场策略，开展有针对性的营销与渠道建设，实现平衡总体市场布局。

国内外的重点城市群也可以作为战略发展重点，构建以城市群为核心的市场网络，因为城市群可以提供较大的客户基数与商机。企业可以考虑在城市群内实现差异化市场布局，重点开发核心城市，投入资源进行渠道建设与客户资源培育。城市群的选择需要考虑未来发展潜力及与企业业务的相关性。

在关键的区域市场设立区域总部，负责当地市场的运作与管理，这种方式也是值得考虑的。区域总部可以在当地实现快速的市场响应与决策，推动区域性业务发展。采取这种方式，企业要在总体发展战略指引下，给予区域总部一定的灵活性与自主空间，以发挥本地化的经营优势。与此同时，区域总部的设立还需要考虑与总部的沟通与协同，避免运作失衡。

此外，企业还可以采用并购的方式快速进入新的区域市场，以获得市场资源与渠道资源。并购需要考虑两个市场在产业与文化上的差异，以及并购后的整合难度等风险。并购区域市场需要寻找价值较高的并购对象，在并购后实现对其资源的有效运用。企业采取这种方式，需要对相关区域市场有深入理解，紧密跟进潜在并购标的，并在并购后进行及时改造与整合。

☞ 延伸产品线

开发供应链上下游的产品，形成产业链条，实现垂直整合，可以增强对客户的控制力，获得高于市场的利润率。延伸产品线不仅需要企业具有较强的产业链协同能力与资本实力，还需要考虑相关政策限制与市场竞争状况。

面向企业现有目标客户，开发不同价格与规格的系列产品，可以满足客户多层次的需求，提高市场覆盖率。不同系列产品的开发需要高效的产品研发体系与丰富的行销经验。这需要在不同客户细分中寻找到系列化机会，并做好差异化定位。

面向现有客户，根据不同的使用场景开发特定产品，可以提高产品的使用频率与渗透率。不同场景产品的开发需要企业深入理解客户的全面使用情境，并在功能与设计上进行针对性定制。这通常需要企业具有较强的用户研究与创新能力。

面向现有客户群体中的特定细分领域，开发针对性强的产品，可以提高产品的价值度与客户黏性。这不仅需要企业对目标客户有细致、全面的把握与理解，深入不同细分的消费者洞察，还需要在营销定位、产品设计与研发能力上进行相应调整，以满足特定群体的需求。

☞ **拓展生态圈**

内容生态圈可以转化流量，实现变现，也可以提高用户黏性并影响购买决策。要围绕企业主导产品或服务，生产相关的信息内容，形成内容生态圈。内容生态圈需要投入资源进行内容产出、分发与维护等。企业要根据业务特点和用户需求制定内容战略，并在创意、产出等方面具备一定的能力。

社群生态圈可以实现用户数据积累、品牌传播、产品试用与销售等。要构建用户社群，鼓励用户参与及用户之间的交流互动，形成社群生态圈。企业要进行平台建设，产生用户参与动力，不断丰富社交功能，投入资源进行社群运营及活动组织等。这些都需要企业具有较强的用户运营与服务能力。

开放平台可以获得更多创新机会，积累外部资源，形成互利的合作关系。要注重研发产品功能或服务模块，吸引外部开发者及合作伙伴参与，形成开放的生态圈。这需要企业在产品设计上实现开放性，并在规则、机制及资源上给予必要支持。开放平台需要平衡开放带来的机会与风险，并在后续管理上做好外部资源的协调，这要求企业必须在产品、技术和合作管理上具备较强的能力。

除了打造内容生态圈、社群生态圈和开放平台，企业也可与相关上下游企业、行业协会以及渠道伙伴等开展战略合作，构建联合的生态圈。行业生态圈可以共享客户资源、减少竞争、实施行业标准等，这需要企业寻找合作基础与机会，并在共同目标下建立合作机制。企业要有较强的战略联盟管理能力，在利益分配、资源投入与风险共担等方面达成一致。

☞ 整合相关资源

可以通过并购上下游关键企业来实现资源整合与垂直整合战略，这可以提高产业链的控制力，实现协同效应。并购需要评估目标企业的盈利能力、资源禀赋与未来潜力等，并在并购后实现有效整合。这不仅需要分析并购后的产业链协同效应与可能影响，还需要投入大量资源并承担相关风险。

通过收购相关技术企业来获得关键技术与资源，来弥补企业的技术短板，加速产品创新。首先，这需要目标技术企业具有明显的技术优势与潜力；其次，需要在并购后实现技术的迅速吸收与商业化，以最大限度地发挥收购价值；最后，这需要承担相关的技术风险与整合风险。

可以与相关企业或机构开展战略合作与联盟，实现资源共享与整合，来降低资源获取成本，分散相关风险。战略合作需要在共同的目标与利益下达成一致，并建立稳定的合作机制。首先，这需要各方在资源投入与管理体制上密切配合；其次，这需要企业具备较强的战略联盟管理能力，并能妥善处理合作过程中的关系。

可以对相关的上下游企业、技术企业或初创企业等进行战略投资，来实现资源的协同与互补、获得较高的投资回报率，以及对相关企业产生一定的影响力，从而获得技术与市场资源。首先，这需要真实评估目标企业的未来发展潜力，并在退出机制上做好针对性设计；其次，这需要企业具有较强的行业洞察力与投资管理能力。

追求非相关多元化战略，打开新增长空间

追求多元化战略可以发现全新业务增长点，实现企业战略的跨越与突破。这需要考虑全新业务的开发、非相关并购、战略联盟与合作、组建非相关子公司等方式，具体如下。

☞ **开发全新业务**

对不同行业与细分市场进行全面系统的分析与评估，找出最具潜力的新业务方向。这需要评估行业的发展趋势、竞争格局、相关技术变革与政策环境等。

对选定的新业务方向制订详细的业务计划与发展路径。这需要考虑市场细分、产品定位、技术路线、营销方式以及资源投入等。业务计划需要平衡新业务的发展速度与风险控制，在企业整体资源范围内进行谨慎布局。

在人才、资金、技术等各个方面为新业务投入必要的资源。这包括引进相关人才、投入研发资金、建立新技术平台等。资源投入需要与新业务的发展阶段相匹配，在保证新业务初步运转的同时控制投入规模。

在新业务达到一定准备的基础上，逐步开拓相关细分市场，缩小市场的不确定性。市场开拓需要采取有针对性的营销手段，提高市场认知度和覆盖率。这需要不断优化产品与服务，积累客户反馈，推动新业务不断成熟。

根据市场反馈与运营情况，不断完善新业务的市场定位、产品价格、技术应用等。这需要在新业务初期构建快速反馈机制，进而更好地把握业务发展方向。

☞ **并购非相关业务**

对不同行业与细分市场进行全面评估，选择资产优质、发展潜力大的并购目标。这需要分析目标企业的产品与技术、市场地位、盈利能力以及发展趋势等。并购目标的选择需要考虑后续的整合难易程度，选择在管理与文化上更易实现融合的对象。

设计较为详细的并购方案，包括交易结构、作价范围、退出机制等。并购方案需要同时满足买卖双方的利益诉求，并在并购后的整合安排上进行充分考量。这通常需要聘请相关中介机构进行合规性检验与方案优化。

大规模的非相关并购通常需要较高的资本运作能力，需要选择股权发行、债务融资或自有资金等多种融资方式。

并购完成后需要尽快推进管理体制、业务流程、技术应用以及文化融合等方面的整合工作。这不仅需要制定详细的整合蓝图与时间表，投入大量资源进行推进，还需要重塑企业在各个层面的运作机制与方式，实现"1+1>2"的协同效应。

在并购整合的基础上推动业绩指标的提升与增长，实现并购预期的协同效应。这需要加强市场推广力度，加速新产品研发，提高资源利用效率等。

☞**战略联盟与合作**

对不同企业进行全面评估，选择在产业基础、技术实力与市场资源等方面具有互补性的合作对象。这需要分析不同对象的业务模式、发展策略以及企业资质等，选择有助于企业取得互利共赢的最佳对象。

在合作过程中，需要就具体的业务项目或工作内容与合作对象进行磋商，确定最具潜力的合作内容。要在市场需求、技术培育与资源共享等方面寻找机会点。这需要平衡合作带来的机会与风险，选择最具战略价值的合作方向；同时，要就主导权、成本分担、收益分配、知识产权等制定详细的利益共享机制。这需要在合作双方的诉求与成熟度上达成平衡，选择最具协同与激励效应的共享机制。

在管理体系、业务流程、信息共享等方面也要与合作对象实现高效的融合。这需要构建统一的组织架构，明确责任分工，建立协同机制等。

在合作过程中建立科学的绩效考核机制，促进双方的积极性与协同动力。这不仅需要在业绩指标、奖励措施与最大化激励等方面做好设计，还需要根据合作模式与阶段特点选择不同的考核机制，不断推动合作效能的提高。

☞**组建非相关子公司**

组建非相关子公司，首先要对不同行业和市场进行系统分析，找到与企业现有业务完全无关但潜力较大的业务方向。首先，要明确子公司的发展定位，包括业务方向、市场细分、技术路线和资源关系等；其次，要考虑子公司的独立运作空间与企业整体发展的协调性；最后，要平衡子公司的自主性与企业的管控要求。

组建非相关子公司要设计子公司的管理体系、绩效考核机制以及资源分配机制等。这需要在管控要求与经营自主之间实现平衡，给予子公司必要的自主权和灵活性。

另外,要为子公司选拔专业的管理团队,负责子公司的日常运营与管理。子公司高管需要具有丰富的行业经验与突出的业务能力。这需要吸引行业内优秀的管理人才加盟,为子公司的发展提供有力保障。同时要为子公司在市场推广、技术研发以及人才引进等方面提供必要的资源支持。资源安排需要根据子公司的发展阶段与实际需求进行,既要给予较高自主权也要增加适度监管。资源的灵活配置需要企业在资源规划与控制上具有很强的管理能力。

开发新业务模式,寻找新的增长点

开发新业务模式需要在多方面进行探索与创新,要通过技术变革、产品更新、市场拓展与伙伴合作等多种手段相互结合,在控制风险的前提下逐步开发全新的增长点。实践中可以参考下面给出的实践路径和操作要点。

☞**业务模式创新**

分析不同行业与市场的业务模式变革趋势,找到最具创新潜力的发展方向。这需要跟踪技术变革、消费升级与政策环境等因素对不同业务模式所产生的影响与变化。

深入分析不同客户群体的新兴需求与潜在诉求,找到全新的业务切入点。这需要关注不同客户的消费习惯变化、生活方式改变与价值观念升级等,深层次挖掘客户需求的新机会点。

分析行业内外竞争格局与规则的变迁，找到全新的竞争定位与抓手。这可能导致出现全新的竞争对手，或需要应对不同程度的产业重组与集结，因此需要企业变革业务模式来应对新的竞争格局，重新确立竞争优势。

在技术手段、产业融合与资源整合等方面找到新的且具有竞争力的商业模式。崭新的商业模式可以在产品、服务、交易以及用户体验等方面与众不同。这需要企业在创新思维与商业构想上具有领先优势，能够发明全新的商业模式。

对企业现有的业务模式进行较大范围的修订甚至重塑，可能涉及产品结构的重组、技术体系的重构、管控机制的再造以及文化氛围的改变等。这不仅需要具有较高强度的组织变革及文化转型，还需要企业管理层具有较强的变革执行力与推动力。原有模式的革新需要平衡新机会的把握与现有基业的保障，这需要在"变"与"革"之间实现较高的统筹协调。

☞ **新产品研发**

对目标客户群体的潜在需求与痛点进行深入分析，找到全新的产品机会点。这需要关注客户生活方式与消费心理的变化，准确判断客户需求的潜移默化。

跟踪相关技术的最新发展与突破，找到技术应用的新方向，以为产品带来功能提升、使用体验改善以及成本降低等全新价值。

对不同细分市场进行评估，选择最具潜力的产品定位。产品定位需要同时考虑市场容量与竞争格局，做到在机会增长与风险控制之间实现谨慎平衡，选择能够最佳满足客户需求并具有竞争优势的定位。

设计详细的产品规划，包括功能属性、价格策略、定价机制以及后续更新计划等。产品规划需要考虑不同客户与市场的偏好与接受度，选择最佳的设计方案。

为新产品研发投入必要的资金、人才与技术等资源。资源投入需要随产品开发的不同阶段进行动态调整，既要保证产品顺利研发也要控制研发成本。

☞**新技术应用**

深入跟踪相关技术的最新进展与发展，准确判断不同技术的应用前景与潜力。这需要企业在科技研究与应用上具有较强的前瞻眼光，能够准确发现技术发展的新机会。

在产品功能设计与使用体验上最大限度地发挥新技术的优势，实现技术与产品的高度融合。这需要企业在技术应用与产品设计上具有较强的协同能力，能够实现新技术的高效转化与产品应用。

设计详细的技术应用方案，包括技术的选择与配置、产品功能的设计、使用场景的设置以及相关配套的完善等。这需要在技术效能与成本控制之间实现高效平衡。

投入必要的资源对新技术进行实施，并不断优化与改进技术方案。这需要进行技术培训、功能测试、数据积累与方案优化等工作。

新技术的应用通常会带来组织结构、业务流程与文化方式等方面的重大变革。这需要企业管理层具有相当的魄力与决断力，推动组织各个层面与新技术实现有效适配。

☞**新市场开发**

对不同市场和客户群体的潜在需求与增长潜力进行评估，选择最具发展前景的新市场。这需要分析相关经济发展态势、消费升级趋势以及生活方式变迁等因素对不同市场的影响，准确判断市场潜力与机会。

根据企业的产品优势与资源禀赋选择最佳的市场定位，包括细分市场的选择、定价策略的制定以及销售渠道的搭建等。市场定位需要在机会利用与竞争制约之间实现高效平衡。

制订详细的市场开发计划，包括市场推广方案、定价策略、渠道建设以及客户体系搭建等。这需要投入一定的时间与资源进行市场教育与培育，新市场的开发存在较长的周期。

建立与新市场匹配的销售网络，包括渠道选择、渠道管理与渠道激励等。这需要吸引相关行业内的专业销售团队，为新市场的渗透与开拓提供有力保障。

☞**新伙伴合作**

根据企业发展战略与资源需求选择合作对象，包括对行业背景、经营范围、发展阶段及资源禀赋等方面进行评估。合作对象的选择需要在战略互补性与操作效能之间实现高效平衡。

根据双方的优势与需求确定合作的详细内容，包括产品研发、市场开发、资源共享以及信息互换等可能的合作方向。合作内容的设定需要在协同效应的发挥与各自利益的平衡之间进行深入讨论与协商。

将合作过程中的各项工作与责任进行详细划分，包括项目推动、资源投入、绩效考核以及利益分配等方面。责任分工的明确需要体现公平性与可操作性，这需要在双方的实际利益上寻求最大公约数。

设计具体的合作机制，包括信息交流机制、资源配置机制、绩效考核机制以及收益分配机制等。好的合作机制可以有效推动双方的积极性与协同效应。这需要在管控要求与灵活运作之间实现高效平衡。

对潜在的合作风险进行全面分析，并采取有效措施进行风险防范与控制。这需要考虑政策环境变化、市场需求转变、技术更新以及双方关系等可能带来的风险因素。

动态审视组合能力,注重产业与资源组合

动态审视组合能力需要企业在产业洞察、资源规划与业务判断等方面具备较强的能力。这需要在新的业务拓展与核心业务深耕间实现动态平衡,不断推进企业产业扩容、业务丰富与核心竞争力的增强。实践中可以参考下面给出的实践路径和操作要点来进行。

☞ **产业融合与重组**

分析不同产业之间在上下游、生产要素以及产品应用等方面的紧密联系,判断产业价值链重构的方向与机会。随着市场需求的多元化与个性化,传统的产业价值链正在加速重构。

分析不同产业在技术、信息、品牌、渠道以及数据等要素方面的潜在协同,判断关键要素融合的方向与效果。要素之间的有机融合可以产生意想不到的化学反应,开发出全新的产品与业务。

分析不同产业的产品功能之间的契合点与互补性,开发出功能更加丰富与个性化的新产品。产品功能的跨界融合可以为用户带来全新的使用体验,打破原有的消费习惯。

跟踪前沿科技的最新发展,开拓与之相关的新兴产业领域。新兴领域的快速崛起会重塑传统产业格局,带来新的市场机会与技术机会。

可以通过兼并、收购或联盟等方式实现产业资源的有机组合,开发新产业与新业务。这可以加速企业在相关领域的布局与发展,缩小与竞争对

手的差距。这需要在战略互补性与资源一体化上下足功夫。

☞ **核心竞争力的强化**

要加大对技术研发的投入力度，不断提高企业的技术创新能力与水平。这需要投入资金用于高新技术的研究与应用，建立专业的研发团队，实现技术积累与迭代更新。

要不断丰富和优化产品系列，满足客户日益多元化与个性化的需求。这需要投入资源开发高附加值与差异化的新产品，不断提高产品的性能与体验。

要通过市场开拓与营销推广不断扩大客户群体，增强企业的客户黏性与忠诚度。这需要建立一整套客群分类与客户关系管理体系，以加深对客户需求与行为的深入了解。

要通过品牌建设与传播推广等方式不断提高企业品牌的知名度与美誉度。这需要投入资源进行品牌传播与推广，丰富品牌内涵与品牌形象。

要优化组织结构与管理机制，激发组织内各资源的活力与潜能。这需要在架构设计、岗位设置、激励机制与文化氛围等方面进行创新，实现组织能力的全面提升。

☞ **相关多元化战略**

要具备评估目标企业价值与实现并购整合的能力。这需要在财务评估、文化融合与组织重组等方面具有较强的专业水平。并购整合的成功与否在很大程度上取决于企业在并购后的管理与协同推进能力。

要具备选择利益相关方、制定互利合作机制以及协同推进联盟发展的能力。这需要在利益分配、责任明确与信息沟通等方面具有较强的协商与管理能力。良好的联盟管理能力可以发挥联盟协同效应，实现互利共赢。

要具备开发新产品、拓展新市场与培育新业务的能力。这需要在产品设计、技术运用、营销推广与项目管理等方面具有较强的专业水平。自主开发需要投入大量资源与时间，存在较大的市场风险，这需要企业具有强大的判断力与执行力。

要具备规划和管理不同业务之间协同发展的能力。这需要实现不同业务在战略定位、资源配置与组织管理等方面的有机统一。一体化经营可以发挥业务之间的协同效应，实现协同增值。这需要企业在业务协调与资源优化上具有较强的能力，特别需要在全局视角与局部关注之间实现动态平衡。

要具备塑造包容与创新的企业文化的能力。多元化发展需要倡导开放、宽容与创新的文化理念，这需要管理层在价值引领与组织影响上具有较强的能力。先进的企业文化可以激发组织创新活力，推动多元化业务的协同发展。

☞ **资源整合与重组**

实现不同技术、工艺与专利之间的有效结合与融合，可以发挥技术之间的协同效应，开发出更富创新性的新技术与新产品。这需要企业在技术评估与运用匹配上具有较强的能力，特别需要在跨界技术融合上具有前瞻眼光。

实现不同产品线之间的有效融合与重组，可以丰富产品种类，满足客户对产品功能与体验的多元化需求。这需要企业在产品定位与设计创新上具有较强的能力，能够准确判断不同产品之间的协同潜力与互补机会。

实现企业不同客户群体之间的交叉开发与资源共享，可以扩大客户覆盖面，提高客户黏性与忠诚度。这需要企业建立科学的客户分类体系，并在大数据应用与客户洞察上具有较强的能力。

实现企业内外部数据资源的整合与挖掘，可以发现数据之间的内在联系，产生新的商业智慧与业务机会。这需要企业在数据治理、模型算法与应用创新上具有较强的实力。

实现线上渠道与线下渠道之间的有机结合，可以减少渠道之间的隔膜，提供更加一致与融合的客户体验。这不仅需要企业在渠道定位、渠道协调与数据共享等方面具有较强的能力，还需要企业在数字化转型的推进与实体渠道的保障之间实现高效平衡。

☞ **核心业务的不断深耕**

要不断丰富产品系列，提高产品性能与用户体验。这需要加大对核心产品的研发投入，实现产品的持续迭代与更新，以进一步巩固企业的市场地位与客户基础。

加大对核心技术的研发与投入，不断强化企业的技术优势。这需要投入资金用来开发前沿技术，提高企业的技术水平与壁垒，以进一步扩大企业的竞争优势，为未来发展奠定基石。

不断丰富渠道种类，优化客户服务，提高客户满意度与忠诚度。这需要加强线上、线下渠道的有机结合，投入资源提高客户服务水平，以进一步增强企业的品牌影响力与客户黏性。

加大市场推广力度与投入，扩大企业的市场份额与影响力。这需要针对目标客户群体开展差异化的营销活动，通过价格优势与促销手段进一步打开市场，以进一步巩固企业的竞争地位与口碑。

不断丰富企业的品牌内涵与价值主张，提高品牌美誉度与知名度。这需要加大品牌传播力度，更新企业的市场定位与品牌理念，以进一步扩大企业的品牌影响力与美誉度。

动态调整战略重心，把控增长节奏

动态调整战略重心并紧密把控增长节奏需要企业在战略转换、资源优化与项目管理等方面具备较强的能力。这需要管理层具有前瞻眼光、灵活思维与平衡判断力，能够根据环境变化及时调整企业战略与资源，把控企业的增长节奏与发展方向。具体的实践路径和操作要点如下所述。

☞ **战略重心的转移**

准确判断行业竞争态势的变化，如市场进入壁垒的下降、竞争对手的变化等。这需要企业在竞争对手分析与行业地位评估上具有较强的能力，能够及时发现行业竞争态势的细微变化。

准确判断企业自身的优势与竞争力在新环境下的发挥程度，判断企业的优势是否需要进行新的组合。这需要企业具有较强的自我分析与战略规划能力，能够准确定位企业的竞争优势与核心竞争力。

战略重心的转移需要在激进调整与变革稳健之间实现平衡，这需要企业管理层具有较长期的定力与宽广的眼界。战略重心的转移不应轻易受到偶尔的环境变化的影响，需要在短期行动与长期定位之间实现有机统一。

战略重心的转移需要企业具备较强的变革执行力，能够在较短时间内调整既有资源与业务战略，转入新的战略重心与增长方向。这需要在组织变革与员工动员之间下足功夫，重塑企业文化氛围，激发企业变革活力。

☞**资源配置的优化**

根据新的战略重心扩充相关的资源供给，如技术资源、产品资源、人才资源等。这需要企业在资源获取与整合上具有较强的能力，能够精准匹配企业需要的新资源与增量资源。

根据战略重心的转移重构企业的资源结构与配置，实现资源的重新组合与优化配置。这不仅需要整合差异化资源，发挥资源间的协同效应，还需要企业在资源规划与管理上具有较强的专业水平。

及时调整资金投入的重点方向，紧跟战略重心的转移。这需要企业具备投资协调与项目选择的能力。投资方向的转变需要在既有项目的推进与新项目的启动之间实现平衡，实现投资布局的动态优化。

根据战略重心的转移调整业务战略与发展方向。这需要企业在业务战略与市场选线上具有较强的专业能力。业务战略的调整需要在业务机会的利用与既有业务的保护之间实现高效平衡。

根据战略重心的转移调整企业的组织架构，实现资源、权责、流程与决策的重新调整。这需要企业管理层在组织变革与激励配置上具有较强的能力，能够推动组织架构的变革与升级。组织架构的变革需要在激进重塑与渐进调整之间实现动态平衡。

☞**业务战略的创新**

选择与企业战略重心匹配的全新业务。这需要企业在新业务评估与机会分析上具有较强的能力，能够准确判断新业务的潜在机会与发展空间。新业务的选择需要在新业务的创新性与可行性之间实现平衡。

开发与新业务战略相匹配的全新产品，满足新的客户需求与市场机会。这需要企业在产品创新与研发上具有较强的实力，能够创造出富有竞争力的新产品。新产品的开发需要在产品创新性与产品成熟度之间实现平衡。

拓宽新的销售渠道来满足新的业务战略与新产品的推广。这需要企业在渠道建设与渠道融合上具有较强的能力，能够快速拓宽高效的新营销渠道。新渠道的拓宽需要在渠道创新与渠道管理之间实现平衡。

开发与新业务战略相匹配的新市场。这需要企业在市场开发与客户开发上具有较强的能力，能够准确把握新市场机会与客户需求。新市场的开发需要在市场潜能的判断与市场风险的防范之间实现动态平衡。

开发新型的战略联盟与合作方式来实施新的业务战略。这需要企业在联盟管理与利益协调上具有较强的能力。新合作方式的探索需要在合作机会的利用与合作风险的防控之间实现高效统筹。

☞ 项目策划的彰显

选择与新业务战略高度匹配且能产生重要影响的业务项目。这需要企业在项目评估与资源匹配上具有较强的能力，能够准确判断项目的重要性与资源输入产出比。项目的选定需要在项目理念的新颖与项目可行性之间实现平衡。

为选定的重点项目设计详细的实施方案与实施路径。这需要企业在项目管理与过程控制上具有较强的专业水平，能够制订高质量的项目实施方案。项目的设计需要在方案的完备性与灵活性之间实现平衡。

为重点项目提供充足的资源保障，包括资金、技术、人才等各类资源。这需要企业在资源规划与投资控制上具有较强的能力，能够准确判断项目所需资源与合理安排项目投入。项目资源保障需要在资源投入的充分性与资源利用的效率之间实现平衡。

加强重点项目的过程监控与管控，确保项目的高效稳定推进。这需要企业在项目管理与风险控制上具有较强的专业水平，特别需要在项目协调与项目问题解决上具有丰富的管理经验。项目过程管理需要在管控严密与灵活应变之间实现平衡。

持续关注重点项目的效果产出与效益实现情况。这需要企业在效果评估与效益体现上具有较强的能力，能够准确把握项目效果与效益，并及时推出项目优化方案。

☞ **增长节奏的管控**

准确判断目标市场的容量与增长潜力，这决定了企业可以达到的最大增长空间。这需要企业在市场研究与趋势判断上具有较强的能力，能够准确把握市场容量与增长潜力。

准确分析行业竞争态势与竞争趋势，这决定了企业可以达到的最快增长速度。这需要企业在竞争者监测与竞争策略评估上具有较强的能力，能够准确判断行业竞争态势与竞争趋势。

准确评估企业的管理能力、资源能力与创新能力，这决定了企业可以承受的最高增长幅度与增长节奏。这需要企业在自身分析与战略规划上具有较强的能力，能够准确判断企业的发展潜力与管理水平。

准确衡量企业的风险忍耐能力与危机处理能力，这决定了企业增长过程中的最大风险上限。这需要管理层在风险判断与危机管理上具有较强的能力，能够合理确定企业的风险容忍度与风险应对措施。

根据以上判断设计企业的增长路径与增长节奏，包括增长速度、增长幅度与增长阶段等。这需要企业管理层在战略规划与资源配置上具有较强的能力，能够把握企业增长的最佳路径与最适宜的增长节奏，其中增长路径的设计需要在激进扩张与稳健发展之间实现高效统筹。

第六章

模式裂变：重塑企业增长新引擎

企业要实现持续快速增长，必须进行商业模式的裂变和重塑，构建开放生态系统，深化用户需求解构，推出生态化解决方案，打开多元增长路径，从而实现企业的跃迁与蜕变。这是企业提高长期竞争力和实现可持续增长的必由之路。

【典型案例】

马蜂窝旅游网通过创新旅游服务"内容+交易"的商业模式，打破传统的旅游业边界，开创了一种新的旅游服务模式。该公司通过旅游社交、智能推荐等技术手段，为消费者提供个性化、定制化的旅游服务项目，同时，也为旅游从业者提供信息、营销等服务。通过商业模式裂变，马蜂窝旅游网实现了裂变式增长和市场领先。

考拉海购通过创新跨境电商的商业模式，打破传统的跨境电商边界，开创了一种新的跨境电商服务模式。考拉海购通过直购、海外仓等方式，为消费者提供海外正品、优质服务等跨境电商服务项目，同时，也为海外供应商提供市场、物流等服务项目。考拉海购通过商业模式裂变，实现了裂变式增长和市场领先。

设计商业模式，实现企业裂变式增长

设计商业模式实现企业裂变式增长，需要在现有模式审视、新模式选择与新模式定制等方面具有较强的能力。设计新商业模式需要在激进重塑与渐进演化之间实现动态平衡，推动企业实现战略突破与业务跃升。其实践路径和操作要点如下所述。

☞ **现有商业模式的重新审视**

要准确判断企业现有商业模式的类型，如产品模式、服务模式、体验模式、订阅模式等，这不仅决定了商业模式转型的难易度，还需要企业在商业模式分类与理论分析上具有较强的能力。

要准确解析企业现有商业模式的盈利机制与盈利模式，包括收入来源、成本结构、毛利率等。这需要企业在财务分析与盈利模式评估上具有较强的能力。

要准确判断企业现有商业模式的竞争优势所在，它决定了企业现有模式的活力与增长潜力。这需要企业在竞争策略分析与竞争力评估上具有较强的能力。

要准确评估企业现有商业模式的运作效率，特别是在资源利用、成本控制与客户体验等方面的表现。这需要企业在业务管理与流程优化上具有较强的能力。

要分析现有商业模式向新模式转型的难易度与阻力，这决定了商业模式转型的路径选择。这需要企业在商业模式创新与组织变革等方面具有较丰富的知识与经验。

要准确判断现有商业模式遇到的限制因素与瓶颈，如产能瓶颈、渠道瓶颈、技术瓶颈等。这需要企业在商业模式痛点分析与问题诊断上具有较强的能力。

☞ 新商业模式的选择空间

跟踪最新兴的商业模式，如共享经济模式、社群电商模式、直播带货模式等。这需要企业在商业模式创新与发展趋势判断上具有较强的前瞻性。

关注行业发展带来的新机会，如5G技术带来的新机会、人工智能带来的新机会、大数据带来的新机会等。这需要企业在行业发展与技术预判上具有较强的能力。

敏锐捕捉客户需求的新变化与新特点，如体验需求的崛起、定制需求的增长、个性化需求的加强等。这需要企业在客户洞察与需求研究上具有较强的专业实力。

关注生态环境中新的要素与参与者，如新兴竞争对手的出现、产业链上下游的新变化、政策法规环境的新调整等。这需要企业在生态环境监测与变化评估上具有较强的能力。

借鉴其他企业在新商业模式创新与实践方面取得的成功案例，选择与自身最匹配的案例进行借鉴。这需要企业在案例分析与经验借鉴上具有较强的学习能力。

对新兴商业模式进行可行性与适用性分析，判断其是否适合本企业采用。这需要企业在商业模式与定制化设计上具有较强的专业水平。

☞ **新商业模式的设计**

根据新商业模式重新定义企业的战略定位，包括服务理念、客户群、核心产品与价值主张等。这需要企业在战略规划与定位设计上具有较强的能力。

根据新商业模式重塑企业的产品组合，添加新产品与淘汰旧产品。这需要企业在产品创新与组合优化上具有较强的专业实力。

要为新商业模式设计全新的盈利机制与模式。这需要企业在盈利模式创新与财务模式上具有较强的能力。

要为新商业模式构建相应的生态系统作为支撑，实现上下游资源的有效整合。这需要企业在平台构建与生态系统设计上具有较强的能力。

调整企业的组织结构、业务流程与人才机制以适应新商业模式。这需要企业在组织变革与机制创新上具有较丰富的管理经验。

建立全新的线上运营机制来满足新商业模式的需要。这需要企业在数字化运营与用户运营上具有较强的专业实力。

制订全面而详细的新商业模式推广计划来支持其快速渗透与获得客户

认可。这需要企业在市场营销与推广方案制订上具有较强的专业能力。

☞**新旧商业模式的融合**

要在新商业模式与现有模式之间实现资源的平衡配置,既要投入足够资源推动新模式发展,又要保证现有模式稳定运作。这需要企业在资源分配与投资决策上具有较强的能力。

建立机制帮助现有客户平稳迁移至新商业模式,同时,要继续服务现有模式下的客户群。这需要企业在客户关系管理与客户转化上具有较丰富的经验。

建立双重团队来同时研发与运营新旧两种模式,并实现人员的逐步过渡。这需要企业在组织管理与团队建设上具有较强的能力。

在新商业模式与现有模式之间建立业务流程的衔接机制,实现业务的平稳迁移与有序运转。这需要企业在业务流程优化与模式变革管理上具有较丰富的知识与技能。

逐步调整企业的收入结构,增大新商业模式的收入比重,同时保证现有模式收入的稳定。这需要企业在财务管理与收入模式变革上具有较强的能力。

在新、旧两种商业模式下实现成本的统一识别、核算与控制。这需要企业在成本控制与财务管理上具有较强的专业素养。

合理管理新商业模式对现有品牌的影响,避免品牌定位的混乱与客户认知的模糊。这需要企业在品牌管理与品牌沟通上具有较强的实力。

☞**生态系统的构建**

选择适合新商业模式的平台类型,如交易平台、社交平台、内容平台等。这需要企业在平台类型与运营模式上具有较强的判断能力。

聚合符合新商业模式的生态资源,如合作伙伴、供应商、渠道商、技术提供商等。这需要企业在资源发掘与合作伙伴管理上具有较强的能力。

为生态系统中的各方设定清晰的规则机制，包括进入机制、退出机制、收益分配机制、治理机制等。这需要企业在制度设计与规则管理上具有较强的专业水平。

利用生态系统运营积累的数据资产，并不断丰富和更新这些数据资产。这需要企业在数据挖掘与资产管理上具有较强的技术实力。

在生态系统内建立各方的有效协同机制，实现信息共享、资源互通与业务衔接等。这需要企业在协同管理与供应链优化上具有较丰富的管理经验。

不断丰富平台上的产品与服务，完善平台功能，提高用户黏性，不断提升平台价值。这需要企业在产品创新与用户运营上具有较强的专业能力。

在生态系统内实现多方共赢的盈利机制，如佣金收入、交易手续费收入、广告收入、会员收费收入等。这需要企业在盈利模式创新与商业设计上具有较强的能力。

超越边界：功能融合与需求重构

超越边界需要企业在思维模式、技能掌握与组织管理等方面具备开放性与跨界性。企业要敢于打破由行业边界、产品边界与技能边界等构成的障碍，实现跨界互动与跨界创新；同时，需要企业在理念导向与执行落地之间保持高效衔接，引领企业实现战略重塑与组织重组，探索全新的商业机会与增长空间。下面是具体的实践路径和操作要点。

☞行业边界的打破

根据行业融合的趋势重塑行业结构，力图重组行业内企业的关系与职能定位。这需要企业在行业变革与趋势分析上具有较强的能力。

在不同行业之间实现核心要素的有机融合，如汽车行业的硬件技术与互联网的软件技术的结合。这需要企业在要素识别与融合机制构建上具有前瞻性的眼界。

重构融合行业内部的业务流程，实现上下游的高效衔接与协同，如医疗行业与AI行业在数据共享与应用上实现业务协同。这需要企业在业务流程重塑与流程重构上具有较强的能力。

为行业融合创造全新的盈利机制与盈利模式。这需要企业在盈利模式创新与商业模式设计上具有较强的专业技能。

转变管理理念以适应行业边界的打破，培养跨行业的眼光与运作能力。这需要管理层具有开放的思维与积极的学习态度。

重组组织结构与职责划分以支持行业融合的要求。这需要企业在组织变革与构架重塑上具有较丰富的管理经验。

加速跨行业人才的培养与引进，具备跨界的视野与能力。这需要企业在人才发展与团队建设上具有较强的能力。

☞产品边界的超越

根据解决方案提供的要求重塑产品定位边界，如从单一产品定位转向综合解决方案定位。这需要企业在产品定位与战略升级上具有较强的能力。

在不同产品之间建立有机的结合关系，形成产品群或产品体系，而不是孤立的个体产品。这需要企业在产品规划与产品组合优化上具有较强的技能。

要努力丰富单一产品的功能，或者在不同产品之间实现功能互补，提供综合解决方案。这需要企业在产品创新与产品开发上具有较强的技术实力。

扩展产品的使用场景，覆盖更广范围的用户需求，如汽车与互联网结合扩展了自动驾驶场景。这需要企业在场景分析与用户洞察上具有较强的能力。

根据解决方案要求重构产品使用体验，提供系统化的解决方案。这需要企业在用户体验设计与交互体验优化上具有较强的专业技能。

从单一产品推广向解决方案推广转变，需要管理更复杂的产品内容与推广焦点。这需要企业在内容运营与产品推广上具有较丰富的经验。

从产品售后服务向解决方案售后服务转变，提供更个性化与系统化的客户服务。这需要企业在客户服务管理与客户关系维护上具有较强的服务意识与实力。

☞ **技能边界的跨越**

准确识别不同行业或领域内部的关键技能要素，如大数据技术、人工智能技术、生物识别技术等。这需要企业在技术洞察与前沿技术信息追踪上具有较强的能力。

探索不同技能要素之间可能的融合途径和方式，发掘技能融合带来的新机会。这需要管理层具有开放的思维与跨界的眼光。

在不同行业与应用场景之间探索技能的创新应用，如大数据技术在医疗领域的应用。这需要企业在技术应用与场景创新上具有较强的能力。

加速相关技能人才的储备，特别是复合型技能人才的引进与培养。这需要企业在人才发展与团队建设上具有较强的战略眼光。

优化研发布局与资源配置以支持技能融合与创新应用的需要。这需要企业在研发管理与技术规划上具有较丰富的管理经验。

加强对技能融合与创新应用结果的知识产权保护，特别是对核心技术与平台的保护。这需要企业在知识产权管理上具有较强的专业水平。

积极参与行业标准的制定，推动相关技能融合和应用的统一标准。这需要企业在行业影响力与标准制定上具有较强的参与度。

☞**价值主张的重塑**

根据跨界竞争的要求升级企业愿景，如从成为行业领先企业向成为解决方案提供商转变。这需要管理层具有超越当前业态的远见。

调整企业定位以适应超越边界的要求，如从产品制造商向解决方案提供商转变。这需要企业在战略定位与市场定位上具有较强的能力。

重塑企业的核心竞争力，如从单一产品竞争力向系统解决方案竞争力转变。这需要企业在竞争力分析与资源优势评估上具有较强的专业素质。

根据新的企业定位重新识别目标客户群与客户需求，如从产品购买者向解决方案追求者转变。这需要企业在客户洞察与需求分析上具有较强的能力。

根据新的价值主张与客户群调整产品和服务的定价策略。这需要企业在定价策略制定与市场定位上具有较强的专业水平。

转变销售方式以配合新的企业定位和价值主张的要求。这需要企业在渠道管理与销售团队建设上具有较丰富的管理经验。

重塑品牌口碑和企业形象以支持新的价值主张的传播。这需要企业在品牌战略与传播上具有较强的实力。

☞**组织边界的重组**

重塑组织架构以支持超越组织边界的要求，如打破职能"孤岛"，建立矩阵形架构。这需要企业在组织架构设计与架构创新上具有较强的能力。

根据新的组织架构重新定义各部门与岗位的职责，实现资源共享与协同高效。这需要企业在职责规划与岗位设计上具有较丰富的管理经验。

重新构建组织激励机制以鼓励部门之间的合作与协同。这需要企业在绩效考核与薪酬设计上具有较强的专业水平。

加速不同部门与职能的人才流动，特别是管理人才的流动，培养组织的整体观念。这需要企业在人才培养与流动管理上具有较强的战略眼光。

重塑组织文化以支持开放协作和组织整合，消除部门"壁垒"。这需要管理层在价值观引领与文化建设上具有较强的能力。

增强组织内外的有效沟通，实现信息共享与协同互动。这需要企业在内外沟通与协同平台建设上具有较强的专业素质。

加强组织变革的管理，通过体系化的变革方案来重组组织边界。这需要企业在变革决策、变革规划与变革落地上具有较丰富的管理经验。

☞ **生态边界的协作**

根据行业变革趋势确认企业在生态链的战略定位，如处于生态链的何种位置。这需要企业在生态变革分析与竞争格局判断上具有较强的分析能力。

根据生态定位选择战略合作伙伴，形成利益共享与密切合作的关系。这需要企业在伙伴评估与关系管理上具有较强的专业素质。

建立机制以协调生态链参与者的利益，实现利益的有效分享。这需要企业在利益协调与制度设计上具有较强的能力。

在生态链上深化与合作伙伴的业务协同与资源联动。这需要企业在业务协同与资源协同上具有较强的组织协调能力。

搭建统一的共享平台以实现生态链数据的共享与业务的联动。这需要企业在共享平台建设与运营管理上具有较强的专业实力。

加强生态链各参与方的人才交流，促进人才的流动与资源共享。这需要各方在人才政策与流动机制上实施协同。

探索全新的合作机制与商业模式以深化生态边界的协作。这需要各方在商业模式创新与生态合作上具有开拓创新的思维。

☞**用户体验的重构**

根据解决方案提供更新目标用户群的画像，如从产品使用者向解决方案追求者转变。这需要企业在用户洞察与细分分析上具有较强的能力。

根据新的用户画像重新识别目标用户的使用场景与具体需求。这需要企业在场景分析与需求挖掘上具有较强的技能。

根据新的场景需求重新设计用户的使用体验流程与交互轨迹。这需要企业在用户体验设计与交互优化上具有较强的专业实力。

重构产品界面与交互方式以配合新的使用场景与体验要求。这需要企业在界面设计与交互体验上具有较强的技术积累。

重组产品功能与模块以支持新的使用场景与交互方式。这需要企业在功能设计与体系规划上具有较丰富的经验。

升级产品内容的框架结构和呈现方式以达到最佳的用户体验。这需要企业在内容设计与内容运营上具有较强的能力。

收集用户在新场景下的反馈与使用数据，不断优化和提高用户体验。这需要企业在用户研究与人数据分析上具有较强的技术实力。

裂变思维——无裂变，不增长，成为第一的商业逻辑

生态创新：协同与整合的新机会

生态创新的新机会需要具备准确判断生态变革的视野与管理智慧。需要在定位判断、机会挖掘与平台共建之间实现有效衔接，让企业在生态创新中开启新的发展局面。生态创新需要在思想引领和实际行动之间达成高度统一，让企业在生态范围内探索崭新的机会与增长空间。下面是实践路径和操作要点。

☞**生态定位的重新审视**

要准确判断行业数字化、智能化与服务化的变革趋势，以及生态链重组的潜在趋势。这需要管理层具有前瞻的眼光与战略判断能力。

要全面评估企业拥有的资源与核心优势，判断在生态链的优势定位。这需要企业具有对自身资源与优势的清晰认知。

要捕捉目标用户对产品形态与服务方式的变化趋势，确认生态链上的机会所在。这需要企业密切关注用户需求的变迁。

要判断潜在竞争格局在生态链上的重组与重塑，确认有利的竞争定位。这需要企业对行业竞争格局有清晰的认知与判断。

要考量产业政策、市场规则与行业标准等政策环境对生态链的潜在影响与引导作用。这需要企业密切关注相关政策环境的变化。

要在数字化生态链上探索新的盈利机会与商业模式，确认生态定位。这需要企业具有商业模式创新的眼光与能力。

☞产业链上下游的协同创新

要选择与企业在产业链位置与资源禀赋上具有互补性的上下游伙伴，实现协同创新的战略契合。这需要企业具有准确评估合作伙伴的能力。

要与上下游伙伴开展深入沟通，寻找双方的共同利益所在，确定协同创新的价值方向。这需要企业具有协商与共识的能力。

要与上下游伙伴探索各自核心资源的有机结合与融合，实现协同创新的资源协同。这需要企业具有整合资源与实现协同的视野。

要与上下游伙伴建立定期会议等沟通机制，及时交流与协调，使协同创新得以深入推进。这需要企业具有关系管理与协调的能力。

要与上下游伙伴在协同创新的过程中共同承担可能出现的风险，并共享可能产生的收益与利益。这需要建立在信任与合作的基础上。

要加强对协同创新进程的管理与控制，制订明确的阶段目标与工作计划，确保协同创新项目的高效推进。这需要公司具有项目管理的专业素质。

☞相关领域的跨界融合

识别与公司业务相关性较高且有潜在协同机会的领域，如技术领域、应用领域和服务领域等。这需要公司具有跨界视野与发展愿景。

评估相关领域企业的核心竞争力与公司自身的互补性，寻找跨界融合的契合点。这需要企业具有竞争力分析的专业判断能力。

在相关领域中探索双方的共同需求与潜在的增长机会，找到跨界融合的价值方向。这需要企业具有跨界视野下的市场洞察力。

研究相关领域的专业知识与技术要素，探索跨专业领域的知识与技术融合路径。这需要企业管理层具有系统的视野与跨界思维。

重视双方在企业文化、组织机制与管理模式上的差异，制定有效措施加强沟通与理解，促进文化融合。这需要企业具有跨文化协调的能力。

在跨界融合中妥善处理知识产权的共享与保护问题，避免产生法律纠纷或知识产权泄露的风险。这需要企业具有知识产权保护的意识与管理能力。

☞ **生态外部的机会挖掘**

识别与企业所在生态相关联的外部生态，如上游生态、下游生态、竞争生态与替代生态等。这需要企业具有超越自身生态的宽广视野。

深入理解相关生态在用户需求、产业链结构、商业模式和盈利机制等方面与企业生态的差异与特征。这需要企业具有跨生态的认知能力。

在深入理解相关生态差异的基础上，判断其中潜在的机会空间与突破口。这需要企业具有跨生态的发现机会的眼光。

研究相关生态的进入门槛与障碍，探索与企业资源禀赋匹配的进入路径。这需要企业具有跨生态运作的能力。

对相关生态的进入所面临的市场风险、运营风险、技术风险与政策风险等进行全面评估，制定有效的风险控制策略。这需要企业具有风险评估与管理的专业水平。

开展与相关生态企业的战略合作，共同开发跨生态的新机会与新业务。这需要企业具有开拓新的合作关系的能力。

☞ **共性技术的协同应用**

识别行业内具有共性应用前景的关键技术，如人工智能、区块链、大数据与云计算等技术。这需要企业具有技术前瞻的视野。

研究共性技术与企业业务的潜在契合点，判断技术应用的融合机会。这需要企业具有将技术应用与业务融合的能力。

与生态伙伴共同探讨共性技术在行业内的协同应用模式，制定技术协同的可行路径。这需要企业具有协同与合作的意识。

识别共性技术推广应用过程中存在的技术障碍，并与生态伙伴共同研究解决方案。这需要企业具有技术创新的能力。

在共性技术的协同应用中加强专利与标准的协作布局，避免产生知识产权的冲突与纠纷。这需要企业具有知识产权管理的意识和相关知识。

加强对共性技术应用人才的培养与交流，推动技术能力的提升与经验共享。这需要企业具有人才培养与管理的视野。

与生态伙伴共同探讨促进共性技术应用推广的生态环境，并共同实施推广计划。这需要企业具有推广新技术的能力。

☞ **商业模式的共创设计**

跟踪数字经济下新兴的商业模式创新，如共享模式与平台模式等。这需要企业具有商业模式的前瞻眼光。

在生态范围内判断新商业模式的应用机会，找到生态伙伴的共同利益点。这需要企业具有在生态视野下判断商机的能力。

根据生态范围内的产业特征与资源禀赋，吸收借鉴新商业模式，实现模式的本地化融合设计。这需要企业具有商业模式设计的技能。

与生态伙伴就新商业模式的运作机制、客户群体和利益分配等展开深入协商，达成利益均衡的共识。这需要企业具有利益协调的能力。

在商业模式共创的过程中与生态伙伴建立风险共担机制，包括市场风险、运营风险与政策风险等。这需要企业建立起互信互利的合作关系。

就新商业模式的推广与应用组织生态内各方的共同协作，包括规则制定、环境营造与资源整合等。这需要企业具有变革推动的执行力。

在生态范围内组织新商业模式的试点项目，在小范围内验证模式的可行性与收益机制。这需要企业具有项目设计与管理的能力。

☞**平台与规则的共建共享**

判断生态范围内对共享平台的潜在需求，包括交易平台、技术平台、数据平台与服务平台等。这需要企业具有平台经济的视野。

与生态伙伴开展深入协商，就平台的功能定位、客户对象和价值主张等达成一致。这需要企业具有协商与达成共识的能力。

根据平台定位设计开放、可扩展与互操作的平台架构，吸引更多生态伙伴的加入。这需要企业具有平台技术的设计与运营能力。

构建平台规则，包括会员规则、交易规则、数据规则与分成规则等，保障各方权益与平台秩序。这需要企业具有制定开放规则的能力。

选择平台的运营主体，如由生态内的某一主要企业独立运营，或者由几家企业共同出资组建联合体运营。这需要企业具有准确判断不同方案的能力。

设计平台的收益分配机制与商业模式，吸引生态伙伴共同投入与开发平台。这需要企业具有设计开放商业模式的能力。

组织生态范围内的协作，共同推广平台，扩大平台的影响力。这需要企业具有联合各方展开协作的能力。

用户体验重塑：深层需求的全新释放

用户体验重塑，需要企业具备深入洞察用户需求与识别痛点的能力。这需要围绕用户深层需求重构体验要素与触发创新触点，重塑用户体验全过程，并融入感官与情感设计，以及进行试验验证以优化设计。用户体验重塑需要在洞察与设计之间高度融合，实现对用户深层需求的全新释放。实践路径和操作要点如下所述。

☞ **深层需求的洞察**

采用焦点小组、深度访谈与参与观察等定性研究手段，深入理解用户的需求与期待。这需要企业具备定性研究的技能与理解能力。

通过大规模的定量调研如东线问卷与数据分析等手段，量化并验证用户的需求特征与偏好取向。这需要企业具有设计定量研究的能力与工具运用技能。

拓展研究的广度与深度，覆盖不同年龄段、区域与人群特征的用户，获得更加全面与深入的洞察。这需要企业具备设计广泛研究的思维。

在研究中挖掘用户表面下的潜在需求与隐性动机，发现功能与体验方面的机会点。这需要企业具备洞察用户潜在需求的眼光与能力。

追踪社会趋势与技术发展，判断其对用户需求产生的潜在影响，预测未来的需求趋势与机会。这需要企业具有把握社会与技术趋势的眼光。

对国内外用户在某一需求或体验方面的差异与共性进行比较与思考，获得启发和新见解。这需要企业具备国际化的视野与理解能力。

将对用户深层需求的洞察转化为产品与服务体验的设计理念、要素落地与细节优化等。这需要企业具备将洞察转化为设计的能力。

☞ **用户痛点的识别**

深入分析用户在不同场景下使用产品与服务的过程与细节，识别各种使用痛点与不便之处。这需要企业具备观察使用场景的技巧。

收集不同渠道的客户反馈与建议，包括客服电话、社交媒体、App 评论与市场调研等，梳理其中的用户痛点信息。这需要企业建立系统的客户反馈收集机制。

密切监测各种公开渠道中的用户对产品与服务的抱怨、申诉与投诉信息。这需要企业具有敏锐的信息触角。

对用户流失与退订行为进行分析，找出用户离开的潜在原因与痛点，为产品改进提供依据。这需要企业建立系统的用户流失监控与分析机制。

研究竞品的目标用户，在使用与体验上的差异与不足，找到自身产品改进的机会点。这需要企业具有比较竞品产品与服务的眼光。

持续监测新技术、新应用和新生活方式带来的用户新需求，及时发现这些新需求无法得到满足的痛点。这需要企业对新技术与生活方式变革保持敏锐的触觉。

深入分析社会发展、科技进步和行业变革对用户需求可能带来的变化趋势，预测这些变化可能导致的新痛点与问题。这需要企业具备判断需求变化趋势的能力。

☞ **体验要素的重构**

简化复杂的功能结构，重组关联性较强的功能，实现功能的合理化与最优路径。这需要企业具备简化复杂问题的系统思维。

基于新技术采用更加人性化、智能化与趣味化的交互方式，改善用户体验。这需要企业对新技术的交互应用保持高度敏感。

遵循视觉设计原理与趋势，选用更高质感的素材与色彩，实现视觉形式的整体升级。这需要企业熟稔视觉设计的理论、技法与工具。

在产品与服务中融入更丰富的情感体验，如故事性、趣味性与互动性等要素。这需要企业具备构建情感体验的能力。

增加个性化与可定制的设计要素，满足差异化用户需求。这需要企业具有提供个性化体验的意识。

综合运用视觉、听觉、触觉与嗅觉等要素，激活用户的多种感官体验。这需要企业具备构建多种感官体验的全局思维。

在不同的接触场景与渠道之间实现一致性的品牌与体验。这需要企业具备构建一致性品牌体验的能力。

在设计方案确定后深入关注各种细节的处理与完善，实现设计的内外一致与润滑。这需要企业具备关注设计细节的耐心与态度。

☞创新触点的激活

在产品与服务中深度融合人工智能、AR/VR、区块链等新技术，实现全新体验。这需要企业对新技术潜在应用场景具有深刻理解与判断力。

从其他行业与领域吸取创意与灵感，引入跨界的设计要素，激发新的体验感知。这需要企业具有跨界的视野与思考方式。

探索更加新奇、有趣与互动的体验形式，如增加游戏与社交要素，带来沉浸感与活力。这需要企业具备设计互动体验的能力。

探索体验驱动的新商业模式，如订阅模式、共享模式与众筹模式等，带来全新收益机制。这需要企业具有商业模式创新的思维。

实现线上虚拟体验与线下现实体验的融合，打造无缝的全渠道体验。这需要企业具有设计跨界与融合体验的眼光与能力。

在产品与服务体验中加入社交、互动与协作等要素，满足人们的社交需求。这需要企业具有理解社会化需求的能力。

转变以产品或功能为中心的传统思维，转而以体验为导向进行整体设计。这需要企业具有体验优先的设计理念。

选用VR技术、3D建模与3D打印等新工具，探索更加沉浸与有趣的设计方案。这需要企业熟练运用各种体验设计工具。

☞体验过程的重塑

通过广告、噱头与创意等方式吸引用户主动产生体验需求与兴趣，让用户主动进入体验过程。这需要企业具备吸引用户眼球的创意。

通过视觉效果、故事情节与互动设置激发用户强烈的体验期待感。这需要企业具备构建情感体验的能力。

在体验过程中设置某些突然与意料之外的惊喜要素，给用户带来新奇感与愉悦感。这需要企业具有设计体验惊喜的思维。

在体验全过程通过互动方式引领用户参与，体现体验的主动性与互动性。这需要企业具备设计互动体验的能力。

在认知、期待、体验与互动等每个环节植入对应的情感体验，实现情感的贯穿及联结。这需要企业具有构建连贯情感体验的眼光与能力。

在体验结束后通过各种方式在用户的回忆中持续触发与重现体验，提高体验的效果。这需要企业具备设计体验回忆的意识。

在体验全过程设置可分享的要素，鼓励用户自发去分享体验从而扩大影响力。这需要企业理解设计可分享体验的重要性。

在各个体验环节中设置重新体验的驱动力，促进用户重复进入体验，形成良性循环。这需要企业具备设计循环体验的思维。

☞ **感官与情感的设计**

选用色彩、照明、空间和图形等视觉要素，营造出愉悦的视觉体验。这需要企业具备视觉设计的能力。

选用背景音乐、人声和环境音等要素，营造舒适的听觉体验。这需要企业具备设计听觉体验的思维与能力。

在产品与环境中加入不同质感的要素，提供愉悦的触觉体验。这需要企业具有设计触觉体验的思维与能力。

在产品与空间中加入香味等气味要素，提供舒心愉悦的嗅觉体验。这需要具备设计嗅觉体验的眼光与能力。

通过视觉、听觉与触觉等要素调动用户的情绪与心理活动，产生共鸣的情感体验。这需要企业具有构建用户情感体验的能力。

在设计中贯穿特定的情感主题或故事，与视听触觉等要素相互呼应，营造出主题情感体验。这需要企业具备营造主题情感体验的整体眼光与技能。

在设计中加入更多互动要素，带来如身临其境般参与感强烈的互动体验。这需要企业具备设计互动体验的能力。

提供个性化定制的选项，满足不同用户的情感需求与偏好。这需要企业具有提供个性化定制体验的意识。

在不同环节与要素之间营造出统一与连贯的感官体验与情感氛围。这需要企业具备构建统一体验的整体思维。

☞**试验与验证**

在设计方案确定前提出相关的研究假设，指导设计的方向与重点。这需要企业具备提出假设的逻辑思维能力。

根据研究目的与对象选择使用定性或定量的测试手段，确保测试的有效性。这需要企业熟悉各种测试手段与方法。

选择与目标用户高度匹配的研究样本，保证测试结果的代表性与可推广性。这需要企业理解不同研究样本的特征与应用场景。

按照标准的研究流程进行设计与测试，包括假设提出、方法选择、样本抽取、实施与结果分析等环节。这需要企业具备完整的研究流程思维。

在实施测试后判断设计方案在达成预期目标与激发用户体验上的实际成效，检验设计方案的可行性。这需要企业具备评估设计效果的能力。

通过测试识别设计方案存在的各种问题点与不足，为进一步的优化与改进提供依据。这需要企业保持识别各种问题的敏锐度。

在比较测试各方案可能性与判断优劣时保持客观与中立的立场，避免受到主观判断的影响。这需要企业具备客观分析问题的态度。

在分析测试结果后提出清晰的优化方向与建议，指导设计方案的进一步改进。这需要企业具有提出明晰设计方向的能力。

在第一个测试环节结束后，按照优化方向进行设计修正，再进入下一个测试迭代环节。这需要企业具备不断优化与迭代的工作态度。

生态化解决方案：盈利模式的数字化蜕变

数字化盈利模式的变化体现在数字内容、平台生态、定制体验、网络社群、新零售与内容驱动服务等新业态。这需要企业构建平台与生态，设计个性化体验，运营线上社群，完善线上、线下融合机制，并构建以内容为核心的新商业模式。企业需要在数字化变革中完成蜕变与升级盈利模式，打开全新的增长空间。具体的实践路径和操作要点如下所述。

☞ **数字内容与IP**

要面向不同用户群开发定制化内容，满足个性化需求。如面向初学者、高手和专家设计不同课程等。这需要企业具备开发定制化内容的能力。

不断丰富和扩大内容类型与范围，满足用户多元化的需求。如视频、文字、音频、直播等多种内容形式。这需要企业具有开发丰富多元内容的意识。

不断提高内容的质量与专业度，建立内容品牌与用户忠诚度。如引入行业专家或采取严格的选题及审核流程等。这需要企业具备监控内容质量的机制。

要面向高度关注和依赖数字内容的用户群开展会员制，提供内容独家与增值服务。这需要企业具备运营内容会员制的能力。

对特定专业与垂直领域的数字内容进行知识付费，创新拓宽盈利空间。如企业家学院、摄影视频教程等。这需要企业具有开展知识付费的勇气与判断力。

围绕数字内容构建对应的用户社群，增强内容影响力与用户黏性。这需要企业具备构建和运营内容社群的能力。

开发影视、游戏、动漫等知识产权，通过授权、衍生与变现等方式进行运营与盈利。这需要企业具备开发与运营知识产权的全链路能力。

开发面向全球用户的数字内容与知识产权，并进行跨境运营与盈利。这需要企业具有国际化内容运营的眼界。

☞ **平台生态**

构建开放的平台生态，允许更多的合作伙伴与创新应用加入，不断丰富平台内容与服务。这需要企业具备构建开放平台的意识。

在开放平台上引入不同类型的合作伙伴与应用，实现产业链上下游以及同行业的协同与互动。这需要企业具备适度引导多方协同的能力。

向平台上的服务提供商或内容创作者收取一定比例的手续费或分成，作为平台的主要盈利方式之一。这需要企业具有设计合理的手续费机制与政策的能力。

面向平台忠实用户开展付费会员服务，提供内容、功能与体验的提升及差异化。这需要企业具备培养平台会员与运营会员服务的能力。

在开放平台上开展广告业务，对接品牌广告主与中小企业，通过广告投放实现盈利。这需要企业具备开展广告营销业务的能力。

积累和整合平台大数据，开发数据产品与制订解决方案，为企业客户提供数据支撑。这需要企业具有开发和产品化大数据的能力。

借助平台丰富的交易数据与业务场景，开展相关的金融业务，如支付、理财与信贷等。这需要企业具备开展金融业务的资质与能力。

将平台生态拓展至全球主要市场，构建国际化合作体系，实现跨境业务流转与全球用户覆盖。这需要企业具有构建国际化平台生态的宏观眼光。

☞ **定制与体验**

提供高度个性化的产品与服务定制方案，满足不同用户的个性化需求。如名人定制、高定服装和个性化旅行路线等。这需要企业具备提供高度个性化定制的能力。

提供具有较高互动性与感官体验的产品与服务，带给用户沉浸感与体验价值。如主题乐园、高端健身俱乐部和茶道体验等。这需要企业专注设计互动高质量的体验方案。

在产品与服务定制以及体验方面进行高端化定位与差异化，满足高端用户群的需求。这需要企业具有高端化品牌与产品定位的判断力。

在高端化与个性化的基础上实施较高的价格策略，与普通产品形成区隔，同时实现较高利润空间。这需要企业具备制定高端价格策略的能力。

面向高端与忠实用户群开展会员制，提供体验与服务的排他性，构建用户忠诚度。这需要企业具备开展高端会员关系管理的能力。

构建针对高端用户群体的社交网络与线下活动，加强品牌影响力与用户黏性。这需要企业具备高端社群营销的知识与技能。

在多个高端消费市场推出定制与体验方案，吸引全球高端消费者群体，建立国际高端品牌。这需要企业具有国际化高端营销的视野。

☞ **网络社群**

针对某个垂直领域或兴趣特定主题的网络社群，聚集共同爱好与需求的用户，如摄影社群、跑步社群和美食社群等。这需要企业具备识别垂直社群机会与定位的能力。

不断丰富社群的内容，提高用户的参与度与交流频度，如原创文章、视频教程、线下活动与话题讨论等。这需要企业具备运营社群内容与促进用户交流的技能。

通过丰富内容、有效互动与真诚服务不断增强用户黏性，建立长期的用户关系。这需要企业理解增强用户黏性的根本所在。

在构建稳定社群用户基础之上，开展与社群主题相关的商业变现手段，如会员制、电商与广告等。这需要企业具备进行社群商业变现的知识与判断力。

对接与社群主题相关的产业链上下游企业，开展合作与互动。如与供应商社群的对接，或与下游客户社群的链接等。这需要企业具备对接相关产业链的视野与执行力。

举办社群线下活动，加深用户互动，提高用户间的认同感与黏性。这需要企业理解社群线下活动的重要性，以及具备线下活动的运营能力。

聚合和分析社群大数据，开发与社群主题相关的数据产品与制订解决方案。这需要企业具备开发和销售数据产品的能力。

面向移动端构建社群生态，实现随时随地与用户进行互动与连接。这需要企业理解移动互联网对社群发展的影响，具备构建移动社群的技能。

☞ **新零售**

实现产品与服务的一致性、购物数据的共享，以及消费体验的衔接等，实现线上线下的深度融合。这需要企业具备构建线上线下融合体系的整体视野。

在线下实体店开展主题活动与体验营销，带来互动性强的消费体验，吸引更多线上用户流量导流。这需要企业具备运营体验店的知识与技能。

实现虚拟商品与实物商品的有机结合，增强消费互动与体验。如虚拟试衣镜与实体试衣间的结合等。这需要企业具备将虚拟业务与实体业务相结合的创新思维。

面向新零售业态的消费群体构建线上线下相结合的社群，不断提高用户黏性与互动频率。这需要企业理解新零售社群的特征，具备构建新零售社群的能力。

分析新零售业态产生的海量数据，优化选址、品类与运营，并开发数据产品提供给合作伙伴。这需要企业具备利用大数据指导新零售业务发展的技能。

面向新零售业态的忠实消费群体开展会员营销，提供线上线下融合的会员服务与体验。这需要企业具备开展新零售会员营销的知识与判断力。

实现线下实体店的智能化改造与升级，方便消费者掌上选购与随时消费。这需要企业理解智慧门店对新零售发展的重要性，具备开展智慧门店改造的技能。

在新零售业态的基础上延伸更加丰富的服务内容，提高客户生命周期价值，如物流、金融与售后服务等。这需要企业具有在新零售基础上开展服务创新的意识。

☞ **服务内容**

要围绕企业主营产品或服务开发内容生态，吸引目标用户持续关注与互动，如美妆教程、旅游攻略与汽车养护知识等内容。这需要企业具备构建产品与服务内容生态的能力。

提供丰富的内容类型，如视频、文章、图片、直播与话题等，满足用户的多元内需。这需要企业具备开发丰富内容的意识与技能。

与行业KOL（意见领袖）合作，吸引其粉丝群体。同时，需要构建与主营业务相关的自有社群，不断丰富社群内容与互动。这需要企业具备与KOL合作并构建社群的能力。

不断通过有价值的内容与社群互动吸引新用户，同时，提高现有用户的黏性与活跃度。这需要企业具备增强用户黏性的知识与手段。

在内容与社群积累稳定用户基础上，推出会员制与知识付费等创收模式。这需要企业具有在内容运营基础上进行创收的商业判断力。

举办内容相关的线下活动，如新品发布会、内容发布会与KOL见面会等，加深用户互动与认知。这需要企业理解内容生态中的线下活动作用，并具备策划与运营线下活动的能力。

利用内容生态产生的影响力传播与推广企业品牌，提高品牌知名度与美誉度。这需要企业理解内容生态对品牌的影响机制，并具备利用内容进行品牌传播的技术。

将内容生态的影响力转化为商业收益，如通过内容电商、广告与产品置换等实现变现。这需要企业具备在内容基础上进行商业变现的全链路能力。

数字化趋势下商业模式重塑的实操路径

数字化时代商业模式重塑需要重构用户体验，赋能数据与平台，延伸业务与机制创新，引进人才与转变文化。企业管理层要具备数字化领导力与眼界，理解数字技术对商业模式与组织机制的影响，持续探索数字化新路径。具体的实践路径和操作要点如下所述。

☞**用户体验重构**

利用数字技术实现产品与服务的全渠道输出，覆盖所有线上线下与移动端点，打通全渠道客户体验。这需要企业具备构建全渠道用户体验的整体视野与能力。

利用大数据与AI技术提供高度个性化的用户体验，满足不同用户的个性化需求。这需要企业具备数字技术驱动的个性化定制能力。

在用户体验的各个方面应用人工智能技术，实现智能化互动体验。这需要企业具有将人工智能技术应用于业务场景的判断力与运用能力。

利用AR、VR与MR技术，提供更为沉浸式与互动高的用户体验。这需要企业具有开发AR/VR用户体验方案的技术与能力。

实施全面的用户行为数据采集与分析，不断发掘体验改进机会，并快速进行体验优化与迭代。这需要企业具备用户体验数据分析与优化的技能。

在数字环境下规划并管控各渠道用户体验的一致性，确保品牌形象一致且与体验衔接。这需要企业具有在数字化环境下管理用户体验的全局视野。

将产品功能与服务体验"卡片化",为用户提供片断化的交互体验。这需要企业具有将业务拆解为卡片化体验的设计思维。

在各数字平台构建社群,不断丰富社群内容与交互,提高用户黏性。这需要企业具备在数字平台运营社群与内容的能力。

☞**数据赋能业务**

在数字化环境下实施全面的数据采集,包括用户行为数据、操作数据、互动数据与传感器数据等。这需要企业具备全面的数据采集意识与能力。

建立数据的分类管理、使用权限控制、数据加密与安全监控机制,确保数据采集与使用的合规性与安全性。这需要企业具有数据治理与安全保护的知识与技能。

利用大数据技术与AI对采集的数据进行深入分析与挖掘,发掘数据隐藏的价值与商业机会。这需要企业拥有大数据分析与挖掘的专业能力。

基于数据分析结果开发数据产品与制订解决方案,为企业内外客户提供数据价值。这需要企业有开发数据产品与制订解决方案的能力。

将数据分析与数据产品应用于企业的决策层面,指导业务调整与优化。这需要企业管理层具有运用数据赋能决策的数字意识。

将数据分析与数据产品结果应用于企业的日常运营管理与过程优化。这需要企业管理层与运营层具备运用数据提高运营效能的数字视野。

在保障数据安全的前提下,开放企业数据接口与数据产品,与外部伙伴共享数据,创造更大商业价值。这需要企业管理层具有开放数据共享的开放思维。

企业管理层带头强调数据的重要性，并引领企业形成"数据驱动"的文化环境，不断提高全员的数据意识与运用技能。这需要企业管理层具有引领企业数据文化建设的决心。

☞**平台生态建设**

构建开放的数字平台，允许外部开发者接入平台资源与工具，共同开发产品与制订解决方案。这需要企业具有构建开放平台的全局眼光和能力。

将平台上的数据、服务、算法等核心资源以 API 的形式对外开放，为开发者提供技术赋能。这需要企业具有对外开放核心技术资源的开放思维。

制定平台接入规则与管理规则，确保平台生态的有序运行与合作伙伴的合规合作。这需要企业具有制定开放平台规则的能力。

设计激励规则与机制，吸引更多开发者加入平台生态，并激励其持续贡献与创新。这需要企业具备设计开放平台生态激励机制的技能。

在平台上提供工具与场景，促进开发者之间的交流协作与共同创新。这需要企业理解开放平台生态协同的重要作用。

面向开发者提供专业服务，如技术支持、市场推广、人才服务等，降低开发者的合作门槛与成本。这需要企业具备提供开放平台专业服务的能力。

在平台生态基础上探索多方共赢的商业变现机制与模式，最大限度激发生态内各方的活力与创新动能。这需要企业具有在开放平台生态设计变现机制的商业智慧。

通过平台规则、激励机制、协同机制与专业服务等手段进行生态治理，引导生态发展方向与提高生态质量。这需要企业具备开放平台生态治理的能力。

☞ **业务延伸与创新**

运用互联网思维重新审视现有主营业务与产业边界，发掘新的业务机会与模式。这需要企业管理层具备互联网思维，理解互联网对主营业务的影响机制。

构建与主营业务紧密相关的用户社群，不断丰富社群内容与加强互动，延伸社群电商、社群教育与社群服务等业务。这需要企业具备社群运营与变现的能力。

围绕主营业务开发丰富内容，通过内容传播与内容社群延伸内容电商、会员收费与广告等业务。这需要企业具备构建内容生态与变现的全链路能力。

从海量数据中挖掘与主营业务相关的商业机会与独特见解，开发数据产品与解决方案，拓展数据驱动型业务。这需要企业具备数据洞察力和开发数据产品的能力。

在主营产品基础上延伸更丰富的增值服务，提高客户生命周期价值。这需要企业具有在主营业务基础上进行服务创新与延伸的眼界。

构建覆盖线上线下的融合会员制，延长客户生命周期，拓展会员商城、会员教育与会员金融等业务。这需要企业具备会员制设计与运营的能力。

结合 AR、VR、人工智能与区块链等新技术开发新的产品与业务模式。这需要企业具备新技术的前瞻判断力与业务转化能力。

☞ **机制调整与重塑**

对应数字业务发展趋势调整组织架构，如建立社群运营部、内容中心、数据部与数字技术部等。这需要企业管理层具有对应数字化调整组织架构的决心与眼界。

在数字环境下实施敏捷的项目管理，通过跨部门小组快速探索新项目与业务。这需要企业具备数字环境下的敏捷项目管理理念与技能。

利用数字技术与数据手段优化企业内部管理与业务流程，提高效率与敏捷性。这需要企业具有利用数字手段进行流程再造的视野与能力。

在企业内部培养开源式的协作文化，鼓励不同部门与员工开展跨界合作与共享。这需要企业管理层具有构建企业开源文化的意识与引领力。

构建以数据和"以用户为中心"为导向的数字化绩效评估体系。这需要企业管理层具有制定数字化绩效评估机制的眼界。

建立开放式的创新机制，通过内外部伙伴协作、竞赛、激励与投资等手段持续创新。这需要企业管理层具有构建开放创新机制的全局眼光。

制定吸引与留存数字化人才的政策，构建数字化人才培养与发展路径。这需要企业管理层具有数字人才政策制定的前瞻眼光。

构建数字环境下的风险管理机制，识别新技术与新业态可能带来的风险，并采取有针对性的措施与管控机制。这需要企业管理层具有在数字环境下进行风险管理的知识与能力。

☞ **人才引进与培养**

对应数字化转型业务与技术发展趋势，制订数字化人才发展规划，确定关键数字化人才需求与内部培养方案。这需要企业管理层具有数字化人才规划的前瞻眼光。

从外部引入数据科学家、人工智能专家、数字营销专家与产品经理等专业人才。这需要企业具有数字化领域专业人才招聘与引入的渠道与能力。

对应数字化业务发展重构相关岗位，更新岗位胜任力模型与职业发展路径。这需要企业具备数字化岗位设计与核心胜任力判断的能力。

促进技术人才与业务人才之间的交流与合作，实现数字化人才的融合发展。这需要企业具有组织数字化内部人才融合发展的视野。

加强对现有员工的数字化培训，帮助员工适应数字化能力发展需求。这需要企业具备数字化内部人才培训的能力。

构建数字化人才评价体系，培养与留住具有数字化思维与能力的人才。这需要企业管理层具有构建数字化人才评价体系的眼界与能力。

设计数字化人才的激励与留存机制，为关键人才提供技能进步与事业发展的路径。这需要企业管理层具有设计数字化人才激励机制的能力。

塑造企业数字化人才的品牌吸引力，将企业定位为数字化人才成长的理想场所。这需要企业管理层具有构建企业人才品牌的全局眼光。

☞ **文化积淀与转变**

管理层需要树立数字化转型的紧迫意识，并通过思想引领和行动落地推动全员的数字化转型意识。这需要企业管理层具有数字化转型的前瞻性判断力。

在企业内部培养开放共享的心态和文化，鼓励员工开放接受新技术与新模式，开展跨部门与外部伙伴的开放协作。这需要企业管理层具备开放心态，并能引领全员的开放文化建设。

在企业内部倡导创新与挑战现状的精神，鼓励员工敢于尝试与创新，并提供失败宽容机制。这需要企业管理层具有倡导企业创新文化的眼界与决心。

在企业内部养成数字学习的习惯，通过工作交流、业余培训与新技术体验等方式持续学习新知识与新技能。这需要企业管理层带头强调学习的重要性，并通过制度引导全员的学习习惯养成。

在企业内部树立以客户体验为中心的理念，将提升客户价值作为数字化转型的出发点。这需要企业管理层具有客户体验优先的理念，并能引领企业的客户中心文化建设。

在企业内部形成"数据驱动"的文化氛围，鼓励运用数据进行问题分析与决策。这需要企业管理层具有数字化数据驱动的意识，并能引领企业的数据文化建设。

在企业内部推行敏捷的工作方式，鼓励快速试错与持续迭代。这需要企业管理层具备敏捷工作理念，并能在企业内营造敏捷的文化氛围。

第七章

人才裂变：解放和激发组织活力

企业要实现组织活力的解放与激发，需要在人才层面进行裂变性变革。通过转换人才理念，实施多元化人才策略，管理人才全周期，创新激励机制，建立人才数据平台，从而解放和激发组织活力。

【典型案例】

华为作为一家全球领先的信息通信技术解决方案提供商，建立了一整套完整的培训和发展机制，包括内部培训、外部培训、技术认证等多种方式，为员工提供全方位的培训和发展支持；鼓励员工在不同的部门和项目中流动和交流，拓宽员工的视野，提升员工的综合素质和竞争力；为海内外优秀人才提供了广阔的发展空间和机会；同时，也为员工提供了丰厚的薪酬和福利待遇。华为不仅注重人才的数量和质量，更注重人才的发展和价值观的匹配。华为强调员工的价值观和团队文化的契合度，鼓励员工自主创新和创造价值，同时，也重视员工的职业规划和个人发展，并为其提供多元化的职业发展路径和机会，让工在为企业创造价值的同时也能实现自我价值。华为的人才培养体系堪称创新型人才培养的典范。

海底捞重视来自不同专业和经历的人才，招聘有营销、美术、运营、艺术、设计、体育背景的人才；开设海底捞大学，提供不同背景员工交流学习的课程和培训，帮助他们跨界转型；在部分店拥有自主经营权的"小区"模式，下放经营决策权，激发员工的主动性；建立激励、奖励制度，鼓励非传统专业背景的人的创新思维，给予贡献突出的人才相应奖励；在店长、总厨等高管职位实施轮岗制，使不同专业背景的管理人才都有发展平台。通过这些人才裂变措施，海底捞让人才为公司提供动力，从而支撑公司快速发展。

人才观的转变：培养组织未来的关键资产

人才观的转变，最根本的是要重塑管理层对人才的认识和态度。企业管理层需要明确人才的战略价值，秉持长期与全面的发展观，做到真正意义上的重视与培育人才。这是解放和激发组织活力的基础。具体的实践路径和操作要点如下。

☞**重视人才价值**

企业管理层需要将人才的重要性与发展战略地位写入企业战略，将其作为支撑企业实现愿景的关键要素。这需要企业管理层具有把握人才战略价值的眼界。

要为人才的发掘、引进、培养、使用与留存提供足够的资源投入，包括时间、资金与精力等。这需要企业管理层理解人才发展与投入的相互依存关系。

人才价值理念的确立需要由高层管理者带头提倡与贯彻。企业管理层还需要亲自参与制定人才战略与政策。这需要企业高层管理者具有人才至上与引领文化的意识。

人才理念与战略的提出还需要企业管理层的持续跟进，在组织层面转化为具体的人力资源政策、流程与实践。这需要企业管理层具有将战略理念转化为实践的执行力。

在人才战略执行过程中，企业管理层需要以身作则，传递一致的人才重视信号，并要求各级管理者与员工的行动予以配合。这需要企业管理层在人才理念上达成高度共识。

人才战略的实施还需要定期检讨与反馈，识别存在的问题与差距，并作出修正。这需要企业管理层具有检讨与迭代执行力。

☞ **长期发展观**

制订人才发展的长期规划，确定关键人才需求与孵化机制，投入资源进行长线发展。这需要企业管理层具有长期的人才规划能力。

通过工作培训、轮岗发展、定制项目等方式持续培养员工，特别是高潜力人才。这需要企业管理层理解人才培养是一个长期的投入过程。

从组织长远发展的角度关注不同类型人才的成长，如专业技能型、管理领导型与高潜力型等。这需要企业管理层具有全局辨识人才发展需求的视野。

在人才发展中预留弹性空间，允许人才在发展过程中存在失败与错误，采取容错机制。这需要企业管理层具有宽容与包容人才发展误差的心态。

为关键人才提供清晰的长期发展路径，给予职业发展的方向性指引。这需要企业管理层具有规划人才发展蓝图的能力。

营造有利于人才长期发展的文化环境，提供人才发展需求所必需的机会、资源与氛围。这需要企业管理层具有构建人才留用机制的全局视野。

长期人才发展体系需要根据环境变化进行优化与迭代，更新人才发展的方式、方法与路径。这需要企业管理层具有检讨与优化人才发展模式的素质。

☞ **全面发展观**

从组织整体与长期发展角度统筹考虑各类人才的成长，不偏不倚，避免过度依赖某一类型人才。这需要企业管理层具有全局与系统性的人才观。

关注每个员工的职业发展与潜力,而不局限于高管与关键技术人才。这需要企业管理层具有全员发展的广度与包容性。

为全体员工提供公平的学习、轮岗、提拔等职业发展机会。这需要企业管理层不在人才机会分配上产生偏颇与差别对待。

为不同类型员工提供相应的发展支持,如定制化的培训项目、职业路径设计与资源投入等。这需要企业管理层具有区分不同员工发展需求的判断力。

构建覆盖全员的学习与发展平台,激发每个员工主动成长的动力。这需要企业管理层具有营造组织学习文化的视野和氛围。

建立能评估各类型员工发展与组织学习水平的评价体系。这需要企业管理层具有设计人才发展评估机制的能力。

定期检讨与诊断组织内人才发展过程中存在的问题,并采取针对性措施进行修正。这需要企业管理层具有人才发展检讨与问题诊断的素质。

☞ **容错理解**

在人才选拔、评估与发展过程中允许存在一定的失败或错误,以开放的心态看待人才发展的结果。这需要企业管理层具有包容人才发展失误的胸襟。

在人才发展的过程中给予试错机会,允许人才选择不同的发展路径,并在发生问题时给予必要支持。这需要企业管理层具有支持人才发展的耐心。

将人才发展中的失误或失败视为学习机会,对相关人才给予培训或指导,帮助其识别问题与提高能力。这需要企业管理层具有从失败中吸取教训的眼界和胸怀。

根据人才发展过程中出现的问题与失误，修订相关政策与机制，使人才体系具有自我完善能力。这需要企业管理层具有发展人才体系的系统思维。

营造一个允许人才进取与创新的文化氛围，让员工感觉在人才发展道路上具有一定的安全感。这需要企业管理层具有培育企业文化的全局视野。

在给予人才发展自主权的同时，明确各级管理者与员工在人才发展中的责任，构建人才发展的网络责任制。这需要企业管理层具有明确人才发展责任的能力。

☞ 组织学习观

为员工的个人学习与发展投入足够的资源，如时间、经费与学习机会等。这需要企业管理层具有培养学习型组织的决心。

营造一种鼓励员工不断学习与创新、持续改进的企业氛围。这需要企业管理层具有塑造企业文化的能力。

为员工提供多样化的学习机会，如在职学习、工作交流、项目参与、外部学习等。这需要企业管理层具有设计人才发展路径的眼界。

建立可以充分激发员工主动学习动力的绩效评价与激励机制。这需要企业管理层具有建立学习型评价机制的视野与能力。

建立员工间知识与经验的有效共享机制，实现组织学习。这需要企业管理层具有构建组织学习网络的系统思维。

在工作中为员工创造练习学习的机会，鼓励在实践中思考与解决问题。这需要企业管理层具有培育实践能力的眼界。

强调管理者在学习型组织建设中的关键作用，培养管理者引导学习与知识创新的能力。这需要企业高层管理者具有管理学习的自我要求。

多元化人才战略：拓宽人才渠道，优化人才结构

实施多元化人才战略，需要拓宽人才渠道、引进高级人才与加大内部人才培养，优化岗位结构与采用灵活用工形式，整合企业资源与定期评估实施效果。企业管理层要具有构建人才发展生态的开放心态，人才全球视野与持续投入决心，远景人才规划与创新管理机制的能力，以及推动变革的决断力与实施人才战略的持续跟进素质。下面是实践路径和操作要点。

☞**拓宽渠道**

加强与高校的合作，通过选聘实习生、委托培养等方式吸纳高校毕业生。这需要企业具有与高校长期合作的战略眼光和机制。

加大社会招聘力度，通过各种渠道广泛吸引符合数字业务要求的人才。这需要企业具有构建开放招聘机制的能力。

增加大学生实习机会，通过实际工作体验吸引人才关注企业。这需要企业具有吸纳新生人才的包容心态。

加强人才网站建设，发布吸引人才关注的企业文化与发展机会信息。这需要企业具有运用新媒体吸引人才的意识和能力。

加大与行业内其他企业的人才交流，实现人才资源的共享与流动。这需要企业具有行业人才发展合作意识。

加强企业社会影响力，营造人才关注企业发展的环境氛围。这需要企业具有社会责任感与品牌建设意识。

提供与人才引进相关的服务，如人才评估、背景调查、迁移服务等。这需要企业具有人才引进规范化操作的观念。

☞ 引进高级人才

根据企业数字转型的人才缺口，制订高级人才引进规划，明确引进对象与数量。这需要企业管理层具有远景人才规划能力。

设计符合高级人才职业发展要求的岗位，提供具有挑战性的工作任务与发展机会。这需要企业管理层具有战略性岗位设计眼界。

提供与高级人才的市场价值和贡献相匹配的薪酬与福利保障。这需要企业具有权衡人才价值的判断能力。

制定科学的高级人才选拔标准，重点考量人才的战略眼光、全球视野与创新思维。这需要企业具有识别高端人才的能力。

聘请专业的人才猎头机构，在全球范围内寻找符合企业需要的高级人才。这需要企业具有人才全球布局的视野。

利用与人才引进相关的政策优惠，降低高级人才的流动成本与障碍。这需要企业具有运用政策环境的意识。

营造有利于人才发展的软环境，如企业文化、发展机会、知识分享等。这需要企业管理层具有构建人才强留机制的能力。

对引入的高级人才进行定期业绩评估与发展跟踪，及时识别问题并采取相应措施。这需要企业管理层具有人才盘点与跟进的能力。

☞ 内部培养

根据企业发展战略与人才需求变化，制订内部人才培养的长期规划。这需要企业管理层具有系统分析人才发展需求与供给的能力。

建立规范的内部人才培养程序与机制，确保人才培养与使用的连贯性。这需要企业管理层具有设计人才培育体系的能力。

提供多样化的工作轮岗机会，帮助员工拓宽视野与累积工作经验。这需要企业具有培养人才的持续投入决心。

提供内部人才参与关键业务项目的机会，锻炼其解决复杂问题的能力。这需要企业管理层具有综合运用人才的全局眼界。

提供定制化的内部培训，开展专题学习、企业文化培训、管理技能培训等。这需要企业管理层具有根据人才发展需求设计培训项目的能力。

建立企业内部人才信息库，全面掌握人才资源与发展状况。这需要企业管理层具有构建人才资源管理平台的视野。

建立内部人才职业发展与晋升的通道机制，激励人才成长。这需要企业管理层具有规划人才发展路径的能力。

制定规范的人才下岗或离职机制，确保内部人才置换的顺畅。这需要企业管理层具有优化组织人才结构的判断力。

☞**岗位多元化**

在组织结构设计中增加更多与数字经济发展相关的岗位，如数据科学家、人工智能专家、用户体验设计师等。这需要企业管理层具有前瞻性人才规划能力。

为新增岗位设计清晰的职业发展路径，规范从业资格与职级体系。这需要企业管理层具有设计人才发展蓝图的素质。

制定新增岗位的详细说明书，明确岗位职责、任职资格与发展机会。这需要企业管理层具有规范管理人才的意识。

在现有薪资体系中增加与新增岗位对应相匹配的薪资级别，并进行必要的薪资调整。这需要企业管理层具有衡量人才价值的能力。

设计与岗位要求相对应的培训项目，加速岗位人才的成长发展。这需要企业管理层具有根据岗位需求设计人才培育的素质。

在人才招聘中增加相关岗位的人选，引入外部人才支援新增岗位的运作。这需要企业具有全局配置人才资源的眼界。

在组织发展的各个阶段，对新增岗位进行必要的调整、合并或取消，动态优化人才结构。这需要企业管理层具有主动适应市场变化的前瞻性。

定期检视新增岗位在企业运营中的贡献与效果，并做出相应的调整措施。这需要企业管理层具有战略管理监督的素质。

☞ **合同聘用**

在人才招聘及使用中采取更加灵活的用工形式，如合同制、项目聘用、兼职聘用、外包服务等方式，满足数字业务的弹性需求。这需要企业管理层具有创新人力资源管理的视野。

针对不同用工形式制定相应的选才标准，重点关注人选的专业能力和项目经验。这需要企业管理层具有区分人才类型的判断力。

根据不同用工形式与人选专业能力确定相对应的薪资标准，体现人才供需关系。这需要企业管理层具有权衡人才价值的能力。

为不同用工形式的人才提供相应的社会保障，如社保缴纳、年假休假等。这需要企业具有人才发展的责任感。

根据不同用工形式与项目需求，明确相应人选的工作任务与要求。这需要企业管理层具有针对性管理人才的意识。

根据不同用工形式设定有针对性的业绩考核方案，进行人选定期业绩评价。这需要企业管理层具有灵活运用人才的全局眼界。

建立相应的管理机制对不同形式用工的人才进行监督与考核。这需要企业管理层具有成熟的人力资源管理能力。

☞ **资源重构**

在企业年度预算中增加与人才发展相关的资金投入，确保多元化人才战略有足够的资源支持。这需要企业管理层具有支撑战略实施的决心。

协调企业各个部门，整合与重构现有资源，共同支持多元化人才战略的实施。这需要企业管理层具有推动跨部门协作的影响力。

在人力资源管理机制中增加与多元化人才战略实施相关的制度设计与流程创新。这需要企业管理层具有构建与战略相匹配的管理机制能力。

在企业内部组建专门的人才管理团队，负责多元化人才战略的组织实施。这需要企业管理层具有优化团队配置的战略眼界。

利用外部人力资源服务机构提供的人才招聘、人才评估与咨询等服务，补充企业内部资源不足。这需要企业管理层具有综合运用各类资源的全局视野。

在组织结构设计中取消与数字化转型不匹配的岗位，释放形成的空间用于新增数字化人才所需岗位。这需要企业管理层具有主动优化组织人才结构的决断力。

调整与优化企业业务架构与流程，释放部门资源以支撑多元化人才战略实施。这需要企业管理层具有从战略高度改造业务架构的胆略。

加大管理团队与员工人力资源管理相关能力的培育，确保多元化人才战略有强有力的组织支撑。这需要企业管理层具有持续提高组织能力的意识。

☞ **定期评估**

设计科学的多元化人才战略评估方案，选择相关的评估指标并确定评估方法。这需要企业管理层具有战略管理评估的能力。

收集与战略实施相关的数据，如人才引进数量、内部培养人数、岗位设置情况等。这需要企业管理层具有建立数据管理平台的视野。

定期监测多元化人才战略各个举措的实施进展情况，对发现的问题及时采取措施。这需要企业管理层具有战略执行监督的素质。

根据评估方案对多元化人才战略实施的效果进行系统评估，判断预期目标是否达成。这需要企业管理层具有客观分析问题的能力。

对评估过程中发现的问题进行深入诊断，分析问题产生的原因并提出改进对策。这需要企业管理层具有战略性解决问题的眼界。

根据问题诊断结果，及时调整多元化人才战略的相关内容与措施，不断改善实施效果。这需要企业管理层具有主动改进的素质。

总结多元化人才战略实施的经验与教训，为企业其他战略管理实践提供借鉴。这需要企业管理层具有战略推进的反思能力。

将评估总结的相关启示应用于企业人才管理与业务发展的各个方面。这需要企业管理层具有把战略管理体会融入组织的意识。

建立人才全生命周期科学化管理体系

建立人才全生命周期科学化管理体系需要进行人才需求预测与规划，建立选才规范与培育机制，科学运用与留存人才，制定人才退出机制与公平薪酬管理体系。企业管理层应具有运用人才全局眼界与规划人才发展路径的素质，并能构建人才流动机制与设计科学化薪酬管理体系。这是企业实施人才强企战略的基石。以下是具体的实践路径和操作要点。

☞ **人才需求预测**

根据企业的中长期发展战略，判断企业未来的业务发展方向，以此推导人才需求的数量、结构与类型。这需要企业管理层具有把握发展战略并转化为人才需求的能力。

跟踪所在行业的发展趋势，分析新兴业务模式、技术革新与职业变革对企业人才需求的影响。这需要企业管理层具有解析行业发展态势的前瞻性。

分析新生代人才特点，判断其对企业人才供需的影响，尤其是数字化人才的需求情况。这需要企业管理层具有审视社会人才变化的广阔眼界。

掌握人才供给市场的基本情况，分析热门专业、高校与人才聚集区域，判断人才资源的充裕程度。这需要企业管理层具有洞察人才市场动态的能力。

选择科学的预测方法与模型，对企业在未来一定时期内的人才需求进行定量分析与预测。这需要企业管理层具有进行人才需求定量研究的素质。

将人才需求预测结果转化为人才引进数量、内部培养规模与岗位设计等方面的规划依据。这需要企业管理层具有将预测成果落实到管理决策的意识。

根据企业发展与人才市场的最新动态，对人才需求预测结果进行修订与优化，保证其针对性与实效性。这需要企业管理层具有根据环境变化调整判断的灵活性。

☞**人才规划**

确定人才规划的周期，如3年、5年等中长期，与企业发展规划保持一致。这需要企业管理层具有同步人才战略与业务战略的全局意识。

根据人才需求预测结果，确定人才引进数量、内部培养计划、岗位设计与薪酬规划等内容。这需要企业管理层具有转化人才需求为详尽规划的能力。

为各规划内容设定指标与完成时限，制定周密的实施路径与步骤。这需要企业管理层具有细致规划人才管理工作的素质。

合理安排与筹集人才规划所需的资金、人力与物力等各类资源。这需要企业管理层具有资源规划与协调的能力。

将人才规划细分为具体的工作任务，分解至相关职能部门与岗位。这需要企业管理层具有工作分解与责任落实的组织力。

建立人才规划的进度跟踪与监督机制，定期检测实施进展并及时修正。这需要企业管理层具有督促执行的管理素质。

随时更新企业与人才市场的最新情况，修订人才规划内容与路径，确保其科学性与针对性。这需要企业管理层具有前瞻性与灵活性思维。

在人才规划期满时，对实施效果进行总体评估，为下一阶段人才规划提供借鉴。这需要企业管理层具有对战略性问题的分析与总结能力。

☞ 选才规范

制定与企业人才理念及发展方向匹配的选才原则，如公开、公平、择优等。这需要企业管理层具有树立规范选才理念的决心。

建立常态化的选拔机制与流程，明确选拔主体、评分体系与结果运用方法。这需要企业管理层具有设计制度化选拔体系的能力。

根据各个岗位的实际要求制定详细的任职资格与素质模型，为选拔提供标准参照。这需要企业管理层具有深入分析岗位职责的专业知识。

针对不同级别与类型的岗位，设计相应的选拔测试方案，如笔试、面试等。这需要企业管理层具有针对性设计选拔方案的素质。

建立包含专业性、潜力与文化融入度在内的全面而细致的评分体系，减少选择偏差。这需要企业管理层具有科学设计选拔评价体系的能力。

在新人试用期内设立严密的考察机制，跟踪新人的工作表现与发展，以验证选拔结果。这需要企业管理层具有考验选拔质量的谨慎态度。

建立分类详细的人才库，并定期更新保持与人才市场同步，为选拔人才提供广阔渠道。这需要企业管理层具有维护人才资源的战略眼界。

建立员工与应聘者对选拔活动的反馈机制，发现选拔设计与执行中的问题并进行改进。这需要企业管理层具有主动优化的持续增强意识。

☞**人才培育**

建立分类化的培训体系，提供新员工入职培训、专项技能培训以及职业生涯培训等。这需要企业管理层具有构建学习发展体系的视野。

制订每年度的人才培养与发展计划，包括学习项目安排、资金投入与效果评估等。这需要企业管理层具有规划与督促培训工作的能力。

通过定期培训需求调查与业务部门沟通，确定具体培训项目与对象。这需要企业管理层具有分析组织与个人学习需求的素质。

针对不同培训对象与需求，设计定制化的学习项目与课程内容。这需要企业管理层具备定制化学习项目的视角。

选择与企业文化高度匹配的内部讲师与外部培训机构，确保学习质量。这需要企业管理层具有甄选优质教学资源的鉴别力。

建立学习成效的考核机制，通过测试、调查与工作表现等进行学习效果验证。这需要企业管理层具有评估人才培养质量的能力。

建立人才能力与潜力台账，记录员工的学习经历与成长轨迹，为后续人才发展提供参考。这需要企业管理层具有追踪人才成长的战略眼界。

☞**人才使用**

根据人才的工作经历、技能与性向等对其进行准确定位，使其能够充分发挥所长。这需要企业管理层具有理解个人特质与正确判断能力的人才鉴定素质。

根据岗位的实际要求选择与之匹配度高的人才进行任命，实现人岗动态匹配。这需要企业管理层具有全面了解岗位需求与人才情况的能力。

合理设计人才的工作任务与职责，使其充分发挥其专业知识与创新思维，激发工作激情。这需要企业管理层具有科学组织工作的能力。

安排人才参与关键业务项目或跨部门协作项目，拓宽其工作视野。这需要企业管理层具有培养人才的战略眼界。

制订人才的工作轮岗计划，通过岗位轮换丰富和提高人才的工作经历与技能。这需要企业管理层具有覆盖组织各个岗位的全局认知。

建立公平合理的工作绩效考核机制，理解和发现人才的工作成效与潜在问题，为进一步提高发挥提供依据。这需要企业管理层具有设计科学的绩效考核体系与方法的能力。

通过定期与人才的工作交流与反馈，理解其在工作中的实际问题与需求，进而加强工作支持。这需要企业管理层具有主动沟通的意愿与同理心。

建立有效的工作激励机制，不断满足人才的工作成就感与发展需要。这需要企业管理层具有构建人性化激励管理的视野。

☞ **人才留存**

与人才共同制订其在企业的职业发展规划，包括职级晋升、岗位调整及跨部门发展等路径。这需要企业管理层具有规划员工职业生涯的能力。

定期向人才反馈其工作表现与结果，帮助其认清自身在企业中的职业定位与发展机会。这需要企业管理层具有提供发展导向的反馈意识。

提供人才开展工作所需的各类资源与支持，解决其工作实施中遇到的困难，促进工作投入与归属感。这需要企业管理层具有全力支持人才的意愿。

提供人才持续提高与发展所需的各类学习机会，满足其成长需要与工作追求。这需要企业管理层具有建立学习型组织的决心。

建立定期的人才交流与互动的平台，加强人才之间在工作与生活中的交流，形成企业文化与精神。这需要企业管理层具有打造企业文化的眼界。

建立人性化的身心关怀机制，关注人才的身体与心理健康，营造温馨的工作环境。这需要企业管理层具有管理人才的人本意识。

采取有针对性的措施持续激励人才，如弹性工作制、带薪休假等。这需要企业管理层具有制定人性化激励政策的能力。

对离职人才进行详细的离职调查与跟踪访谈，深入了解其离职原因，并解析人才流失的规律，防止类似情况发生。这需要企业管理层具有分析与解决人才流动问题的能力。

☞**人才退出**

建立规范的离职管理机制，在人才提出离职意向时及时与其进行沟通，理解其离职原因与期望，争取人才继续留任的可能性。这需要企业管理层具有面对人才离职的正确态度。

人才确认离职后，及时与其协商公开、透明的资料与工作交接方案，确保工作无延迟与信息完整。这需要企业管理层具有做好人才交接的谨慎作风。

在人才离职前对其工作经验与知识进行回收，避免有价值的信息与资源流失。这需要企业管理层具有重视组织知识产权的意识。

按照规范的流程为离职人才办理各项离职手续，完成工资结算、社保转移等法定义务。这需要企业管理层具有规范执行职责的素质。

在人才离职后及时进行离职评价与总结，客观评价其在公司工作情况与贡献，为今后再招聘提供参考依据。这需要企业管理层具有客观理性的评价素质。

对人才离职进行深入调查与访谈，分析其在公司工作的问题与感受，总结人才离职的主要原因与规律，并制定相应的改进措施。这需要企业管理层具有查找问题与改进工作的意识。

在有机会再招聘离职人才时，熟悉其个人情况与要求，提供公平合理的再聘条件。这需要企业管理层具有人性化考量的管理理念。

建立对离职人才的跟踪与联系机制，加强企业与离职人才之间的互动，达到资源共享与再合作的目的。这需要企业管理层具有战略性建立人脉的眼界。

☞ **薪酬管理**

树立与传播企业核心价值观，营造企业独有的文化氛围，增强人才对企业的认同与归属感。这需要企业管理层具有搭建企业文化的视野。

建立内部的常规沟通机制，加强上下级与同级之间的工作互动与交流，形成良好的工作关系与默契。这需要企业管理层具有营造开放沟通的氛围。

定期开展团建活动，增进人才之间的相互了解与信任，激发组织活力与合作精神。这需要企业管理层具有组织员工活动的意识。

定期举办人才交流会，搭建人才之间进行工作交流、经验分享与资源整合的平台。这需要企业管理层具有促进人才互动的眼界。

重视与人才个人的关系维护，了解人才的工作与生活状况，并在需要时提供适当的关系支持与帮助。这需要企业管理层具有人性化的关系管理思维。

及时发现人才工作实施与关系维护中的问题与障碍，并采取措施予以妥善解决。这需要企业管理层具有排忧解难的服务意识。

通过定期的工作氛围调查与员工访谈，了解人才工作状态与满意度，并采取措施不断优化工作环境、工况与关系。这需要企业管理层具有关注员工心理与创造工作活力的意识。

建立员工关怀与帮扶机制，关注人才的工作与生活需要，在其遇到困难时提供适当的帮助，使其感受到组织的友好与支持。这需要企业管理层具有人性化管理的理念。

创新激励机制，让员工主动推动变革

创新激励机制需要树立创新理念与授权机制，在管理与奖励中突出主动性与容忍失败，搭建分享平台与广泛示范典型，高层发挥带头作用。高层要具有远见与放手的胆识，宽容与人性化的理念，用人唯贡献的择人理念，分享与决心示范的眼界。这是组织变革的内生动力。具体的实践路径和操作要点如下。

☞ **创新理念**

高层领导者要提出并坚持"创新驱动发展"的理念，将企业的生存与发展寄托在持续推动各个领域的创新上。

在树立创新理念的同时，也要传达"容忍失败"的态度，给员工在探索创新过程中一定的错误容忍度。

高层要培育"拥抱变化"的企业文化，开放员工的思维定式，鼓励不同视角与新想法的提出。

在理念上不断强调创新与变革的重要性，同时也要在行动上带头推动各种创新实践，充当组织创新的榜样。

高层不断在会议讲话、文章发言中强调创新，用实际案例阐释创新理念，并在工作语境中自然引入创新理念，营造支持创新的氛围。

将创新理念融入企业使命、愿景与文化之中，并贯彻到考核体系与激励机制当中，使之成为企业文化的一部分。

☞授权机制

高层要建立扁平化的组织架构，加大对下级和基层的授权力度与自主权，鼓励其在工作中发挥主动性。

在增强下级权力的同时也要明确其相应的责任与义务，使权力和责任的匹配达到最佳化。这需要高层在授权中体现严谨性。

在加大授权的同时，要对下级的工作结果进行考核与评价。这可以避免基层在加大自主权下工作展开过程失控。

除了制度上的授权外，高层也要在资源投入、问题解决等方面提供充分支持，让下级可以全权发挥，这是授权成功的环境基石。

在授权初期，高层要对下级的工作进行必要的过程辅导，帮助其理解权力范围与应有所作为，这可以保证授权质量。

要建立对授权执行情况定期评估的机制，检验授权的成效与问题，并进行必要修订。这体现高层严密监控的管理风格。

☞突出主动性

在制定工作目标与标准时，要在结果要求上设定一定的弹性空间，鼓励下级在工作中主动思考与超越。这需要高层宽容创新的意识。

在工作考核与激励机制上，要重点考察和奖励那些在工作中展现卓越与主动性的员工。这需要高层重视主动性的选人用人理念。

在考核与评价中要给予一定的错误容忍度，但要求下级在行动中承担相应的责任，从而培养其勇于尝试的态度。这体现高层宽容失败的人性化理念。

要在企业内部广泛宣传推崇那些在工作中展现高度主动性与创造力的典型员工，激发更多员工效仿。这需要高层具备推广先进典型的决心。

高层要在会谈与日常交流中自然而然地表达对主动性的重视与赞赏，营造鼓励员工发挥主动作用的浓厚氛围。这展现高层言传身教的能力。

高层作为员工行为的重要榜样，要在自己的工作中率先展现超越型思维与主动作为，以身作则，引领组织风气。这需要高层一以贯之的觉悟与做法。

☞ **容忍失败**

高层要具有开明宽容的心态，在管理过程中给予下级一定的错误容忍度与失败度。这展现高层远见的眼光与胸襟。

对下级的错误与失误要进行客观分析，理解失误产生的原因与责任归属，作出恰当、合理的处理，而非一味对过错责罚。这体现高层理性的问题解决能力。

要在企业内部培育"容错文化"，教育员工以宽容的眼光看待工作失误与差错，并从差错中吸取教训。这需要高层具有推广进取型文化的决心。

在给予一定容错度的同时，也要责令犯错下级进行整改与改进。这可以避免因容忍失败带来的组织纪律松懈的弊端。这展示高层严谨求实的态度。

要广泛宣扬那些从失败与失误中吸取宝贵教训，并做出积极改进的典型案例。这有助于培育员工正确认识差错，并努力追求改进的心态。这需要高层具有推动知识学习与变革的眼界。

高层要在自己的工作中也毫不掩饰存在的失误与不足，并采取果断行动予以改进。这可以树立"错误可以容忍，不改进不行"的权威形象。这体现高层一贯的实践作风。

☞ 奖励机制

制订具有挑战性的奖励计划与方案，鼓励和奖励那些在工作中展现持续创新与变革的员工。这需要高层具有倡导创新与变革的决心。

在奖励设置中强调对推动企业重大变革与进步作出显著贡献的个人或团队。这体现高层用人唯贡献的理念。

奖励的评选标准和程序要公开透明，评选结果也要在企业内部广泛公布，体现公正公开的原则。这展示出高层树立权威的管理风范。

既有物质奖励，也有精神奖励；既有个人奖励，也有团队奖励。奖励形式要多样化，既满足不同员工的需求，也激发其创新热情。这需要高层具有全面设计的视野。

要广泛宣扬那些凭借创新成果获得奖励的典型案例，发挥示范与竞争效应，激励更多员工追求创新。这展现高层推动创新与变革的决心。

要对奖励方案的执行情况与效果进行持续跟进与评估，并根据需求进行修订与完善。这体现高层严密监控的管理理念。

☞ 交流分享

定期举办创新与变革的交流会，搭建一个员工相互分享成功案例、传播新知识的平台。这需要高层具备促进知识创新与变革的眼界。

建立员工主动分享创新想法与变革实践的常态机制，鼓励不同部门及岗位的员工通过此平台进行交流与借鉴。这展现高层构建开放机制的智慧。

高层要在会议讲话和日常交流中不断强调知识分享与交流的重要性，营造企业倡导创新与变革的浓厚氛围。这需要高层具备言传身教的表达能力。

要给予创新交流平台一定的资源支持，保证其正常运转并发挥应有作用。这体现高层推进变革的决心。

要在内部广泛宣传那些在创新交流平台上分享出色创新案例的典型员工，以示鼓励。这有助于吸引更多员工主动进行交流分享。这需要高层具备推广先进典型的决心。

要对交流平台的运转情况与效果进行定期评估，并根据需要进行调整完善。这展示高层严谨的管理作风。

☞**典型示范**

选取那些在推动企业创新与变革过程中作出显著贡献的个人或团队作为示范对象，他们的成功经验与做法具有推广价值。这需要高层具备识人之明与重大贡献的视角。

通过企业刊物、网站、会议等多种渠道广泛宣传所选定的示范典型，让更多员工学习与效仿。这展现高层构建学习机制的智慧。

高层要在不同场合提及这些典型，并给予褒奖，体现对其作出的贡献与付出的肯定与推崇。这可以体现元老的权威，起到进一步的鼓励作用。这需要高层表现出推崇典型的态度。

高层要主动与这些示范对象进行交流，关注他们的工作与生活状况，给予必要的资源与支持。这种亲密关注可以大大激发其继续推动变革的热情与决心。这展现高层重用人才的风范。

要对所选定的示范对象进行持续跟进，评估其是否仍然具有较强的先进性与推广价值，有必要时进行调整替换。这体现高层未雨绸缪的管理理念。

除了宣传推崇外，也要给予这些示范对象必要的物质与精神奖励。这可以进一步激发其带动他人、促进变革的积极性。这展现高层用人唯贡献的理念。

建立一体化的人才数据管理平台

要建立一体化的人才数据管理平台，需要企业具备全面系统的理念、广泛的评价机制、严谨的标准规范、理性客观的态度、开放共享的文化、持续改进的数据意识、IT建设的眼光以及严谨细致的管理理念。只有数据来源广泛，标准规范严谨，分析客观准确，并实现动态共享与更新，人才数据管理平台才能真正发挥其指导人才发展的战略作用。下面是具体的实践路径和操作要点。

☞ **数据范围**

根据企业人才发展的实际需要，全面设计人才数据的范围与内容，既有技能数据，也有贡献数据，还有潜力数据等。这需要高层具备全局性的人才规划眼光。

根据自身发展变化及行业趋势，对人才数据范围进行定期审视和修订，保证其科学性与先进性。这需要高层具备前瞻的洞察力。

人才数据要有针对性地对应不同类型人才，如高潜人才、业绩优秀人才等设置相应的范围。这可以使人才管理更加精准化。这需要高层具备对人才进行准确分类的思维。

构建系统完备的人才资料与数据体系，全面反映人才各个方面的情况。这需要高层具备系统谋划人才发展的眼界。

从管理层面提出层层落实的人才数据范围与运用要求，确保各部门、各岗位人才数据的全面收集。这是高层对人才重视程度的体现。

将人才数据的全面准确收集纳入各部门及负责人的绩效考核范围，才能真正形成各级广泛数据意识。这需要高层具有实施严谨管理的决心。

☞**数据来源**

人才数据要从人才自身、同事评价、上司评价、下属评价、客户评价等全方位获取，这可以使评价结果更加全面客观。这需要高层理性运用多元评价的思维。

无论何种渠道，获取的数据都必须具有较高的权威性和公信度，否则难以真实反映人才实力与潜力。这需要高层在人才评价中秉持严谨、求实的态度。

不同类型的数据来源要设置不同的更新频率，保证人才数据的实时动态性，最大限度地减小不确定因素的影响。这需要高层提高对人才信息敏感性的认识。

开发科学的人才评价工具与流程，指导不同来源的数据的获取与处理，增强结果的客观性和准确性。这需要高层具备运用科学方法管理人才的理念。

运用先进的信息技术，实现不同来源数据的在线收集与更新。这不但大大提高了信息获取的便捷性，也为数据的准确及时输入奠定了基础。这需要高层具有运用IT的视野。

收集的人才数据要在管理过程中进行广泛反馈与运用，才能激发各方面对人才信息的关注与提供，真正形成良性互动。这需要高层在管理中实现人才数据的全面运用。

☞ **数据格式**

制定科学严谨的人才数据采集与填报标准，对所有相关人才信息进行标准化处理，这是实现数据统一性与可比性的基础。这需要高层在人才管理上体现出追求精益求精的态度。

个人数据范围较广，要针对不同类型人才设计对应的专项数据采集表单，取舍灵活，既定量又定性，满足管理需要。这需要高层具备基于人才精细分类的思维。

人才数据的采集与填报要实现渐进式由量变至质变，由基本信息逐步过渡到综合评价等深层次的数据。这需要高层在人才评价中体现由浅入深的理念。

对涉及隐私或敏感信息的数据，要实施严格的权限管理与控制，仅授权相关权限人员进行访问或运用。这需要高层在追求管理精益的同时也体现出对人才隐私的尊重。

对人才数据格式及相关要求进行持续跟进，并根据管理需要和信息化进程作出动态修订与调整。这需要高层在人才管理中建立持续改进的理念。

对相关人员进行人才数据采集与填报的培训，并在日常工作中给予必要的引导，以确保数据格式有效地贯彻执行。这需要高层在人才管理体系中营造严谨求实的氛围。

☞ **分析工具**

选用科学理论为支撑并经过验证的人才评估与分析工具，这可以使结果更加准确客观。这需要高层具备理性运用科学方法管理人才的理念。

人才评估涉及心理学、管理学等多学科知识，相关工具必须由专业人士开发或选用，这可以确保其专业性和权威性。这需要高层具有跨学科综合运用知识的能力。

优先选用系统化的人才评估与分析软件，这不但操作简便高效，而且可以对海量数据进行高维度整合分析，得出更加准确深刻的结论。这需要高层具有运用IT建设人才的视野。

随着管理理念与实践的发展，人才评估工具也需要不断更新以适应需求，必须将其纳入企业人才管理体系的持续改进范围。这需要高层形成人才管理动态优化的理念。

对于企业独特的人才发展战略与路径，往往需要定制开发专属的评估系统和工具。这需要高层在人才管理上不断追求战略定制化。

所选用的各类人才评估工具，其结果必须在人才培养、调配与配置等方面进行广泛深入的应用，这可以验证其准确性与实用性，进而作出适当修正。这需要高层在人才管理中形成精益求精、密切结合实际的作风。

☞ **数据共享**

人才数据涉及隐私与机密信息，在实现共享的同时必须建立严格的权限管理机制，控制数据的可访问范围与请求人员。这需要高层在开放共享中体现审慎的态度。

不同的数据要根据实际需要设定不同程度的共享范围，既有全员共享的数据，也有仅限相关人员共享的数据等。这需要高层运用分类思维管理数据共享。

要构建便捷高效的数据共享机制与平台，方便各部门及高层查询与分析使用所需数据，这需要运用信息化技术手段与管理智慧。这需要高层具有运用IT建设共享平台的视野。

在开放数据共享的同时，也要明确各层级人员对数据请求与使用的责任及义务，防止出现失控现象。这需要高层在创新开放中体现严密管理的理念。

与人才数据共享相对应的还要建立广泛的数据反馈机制，鼓励各方面对数据的运用结果或新发现进行反馈与交流。这需要高层建立开放包容的企业文化理念。

人才数据共享机制与平台也需要不断优化升级，这需要管理者对共享效果进行持续评估，并据此提出新的要求或完善措施。这需要高层坚持不懈地持续改进数据共享水平。

☞ **数据更新**

不同类型的数据要根据实际变化频率设定不同的更新频率，如岗位信息相对稳定、更新频率可适当放宽；而员工业绩与贡献信息更新频率则需加快。这需要高层具备对人才信息变化的敏感度。

建立系统化的人才数据更新机制与流程，明确各类数据的更新时间表、更新方式和更新负责人等，这需要管理层运用系统思维构建长效机制。这需要高层在人才管理中体现系统思维。

运用先进的信息技术手段实现人才数据库的自动更新提示与提交功能，大大提高了数据更新效率。这需要高层对IT在人才管理上的运用有清晰认识。

人才数据更新的责任要层层落实到各部门和关键岗位，并纳入管理考核之中，这可以真正形成广泛的数据更新意识。这需要高层在人才管理体系中展现出追求精益的决心。

对人才数据库的更新质量进行持续监控，建立数据更新审核机制，发现问题要及时反馈并整改。这需要高层在开放数据更新的同时也加强质量管控。

加强对相关人员人才数据更新知识与技能的培训，这可以确保高质量高效的数据更新工作。这需要高层在人才管理中体现出重视人员素质的理念。

☞**系统支撑**

运用先进的信息技术手段，如云计算、大数据分析等，搭建高效便捷的人才管理信息系统，这是实现人才数据收集、存储、分析、共享和更新的基础平台。这需要高层具有运用IT管理人才的视野。

人才管理信息系统要实现与企业其他管理系统的集成，共享更加全面的数据资源，这需要管理层具有系统思维，追求管理工作的一体化。

系统的设计与开发必须以人才管理业务流程为依据与导向，并随着业务变化及时升级与优化。这需要高层理解人才管理的业务属性。

系统开发需要遵循行业数据标准，更好地实现不同企业系统之间的数据兼容和交换。这需要高层具有行业发展眼光。

系统要加强安全设计，严密的权限及安全管理机制，确保数据和信息的保密。这需要高层在开放共享数据的同时也加强管理控制，体现严密的治理理念。

系统的使用界面要简洁友好，更好地服务终端用户，提高系统的易用性和体验感。这需要高层在追求功能全面时也注重客户体验。

系统需持续跟踪新技术与管理工具，不断升级以适应新要求。高层要在人才管理信息化建设上保持充满活力与创新的精神面貌。这需要管理层形成创新且持续改进的管理理念。

☞**保密机制**

要明确企业内各类人才数据的所有权归属，制定数据获取、使用与调用的标准流程。这需要高层在开放数据共享的同时加强资源管理，在开放共享理念中也体现严密管理的态度。

要加强人才数据的安全保护，通过加密、防火墙等手段制定严格的数据访问权限与控制机制。这需要高层在创新开放中体现审慎、谨慎的理念。

要建立数据质量管理体系，通过审核、评估等方式持续监控数据的完整性、准确性、及时性等质量维度。这需要高层注重人才管理的精益求精。

要制定科学的人才数据采集与填报规范，并通过培训、引导等方式推行到底，这是数据质量的基础。这需要高层在人才管理中坚持严谨求实的作风。

企业内各类人才数据要在管理与业务中得到广泛深入的应用，这可以持续改进数据管理工作，发挥数据价值。这需要高层充分挖掘人才信息的管理价值与业务价值。

人才数据管理涉及采集、存储、分析、共享等各环节，要明确划分各部门与岗位的责任，并建立有效的协同机制。这需要高层在人才数据管理中体现系统思维。

数据管理体系与相关机制也需要不断优化，以适应技术进步和管理创新，并且形成持续改进理念。这需要高层在人才数据管理中展现出创新精神。

☞ **数据反馈**

要建立和拓展反向的数据反馈机制与渠道，收集各部门及员工对人才数据的使用情况、改进意见和新需求等信息。这需要高层在人才数据管理中形成开放共享的理念。

除常规的书面反馈外，也可以运用信息技术搭建在线反馈平台，提供更加便捷、高效的互动交流渠道。这需要高层具有运用IT提高管理效率的视野。

数据反馈要涵盖数据的适用性、完整性、准确性等方面，同时也包括新业务带来的数据需求等。这需要高层在人才数据管理上保持敏感和前瞻性。

收集到的反馈意见要进行系统分析总结，整理出其中的主流需求和管理启示，因此管理层要具有专业的数据分析能力。这需要高层运用科学思维分析人才数据反馈信息。

数据反馈分析结果要转化为相关的数据管理改进举措，并组织落实。这需要高层在人才数据管理中形成精益求精的改进理念。

数据反馈渠道的建立以及后续改进工作要加强约束并落实责任，这可以确保数据反馈相关工作持续高质量地开展。这需要高层在创新管理中也注重工作的精细化与制度化。

第八章

用户裂变：引爆传播与影响力

要实现用户裂变与引爆影响力，企业需要持续的数据化洞察、体验创新、参与激励、传播培育与关系管理，不断深化用户黏性与扩大用户规模，激发用户情感且使之成为企业品牌的代言人与倡导者，从而实现企业影响力的爆发式增长。

【典型案例】

美团单车通过用户裂变引爆了传播与影响力的关键节点在于团长。在美团单车平台上，每个用户都可以成为一个团长，邀请周围的用户一起使用美团单车，通过邀请更多的用户加入，团长可以获得一定的奖励。同时，团长还可以享受相应的优惠政策和特权，这也进一步激励了用户参与和邀请更多的好友加入。这种用户裂变模式使得美团单车快速扩大了用户规模，并取得了巨大的商业成功。

社交媒体平台Facebook（脸谱网）允许用户通过邀请好友或分享内容来扩大自己的社交圈，每个新用户的加入都会吸引更多的用户加入，形成指数级的增长。这种用户裂变效应使其在短时间内就能够积累大量的用户和粉丝，从而具有更广泛的传播和影响力。

深度用户洞察：全息式用户画像与真实需求

深度用户洞察需要数据化意识、大数据分析能力、全维视角、细分思维、前瞻性思维和持续迭代理念。只有深入与全面地理解用户，企业才能真正做到以用户为中心，满足用户需求，实现差异化竞争。下面是实践路径和操作要点。

☞ **全面数据采集**

从网页浏览、移动端、社交平台、CRM系统等全方位、全渠道采集用户数据，构建更加全面立体的数据资源。这需要企业在数据采集中具有渠道融合的意识。

第八章 用户裂变：引爆传播与影响力

积极引导用户授权个人信息的采集与使用，这要求企业在采集用户信息的过程中兼顾用户隐私并取得用户信任。这需要企业在数据采集中体现对用户的责任态度。

采集的数据要进行准确分类和梳理，这是后续管理与分析的基础。这需要企业在大量数据采集中保持理性与严谨的作风。

加强对用户的全生命周期数据采集，从用户获客到终生沉淀，采集更加全面与连续的数据资源。这需要企业在用户关系管理中具有整体生命周期的理念。

运用数据采集技术如日志监测、数据跟踪与用户反馈等手段，实现自动、高效的数据采集。这需要企业在数据采集中注重技术驾驭能力。

建立系统的用户数据采集制度与流程，明确采集指标、方式、频次、负责人等，这可以确保高质量高效的数据采集。这需要企业在数据采集中体现制度化理念。

对数据采集效果进行持续监测与评估，及时发现问题并加以改进。这需要企业在数据采集中兼具开放与管理的理念。

☞ **运用大数据分析**

运用数据挖掘、机器学习、统计分析等技术手段，对采集的数据进行深入分析与挖掘。这需要企业在数据应用上具备大数据分析视野。

构建用户特征分析模型、用户行为分析模型、用户关联分析模型等，进行定量与定性分析。这需要企业在数据分析上具有模型思维。

从人口统计、地理位置、兴趣爱好、消费偏好等多维度分析用户特征，从而得出用户全貌。这需要企业在用户分析中采取多维观察视角。

根据用户特征差异化地将用户细分为不同类别的细分用户群，这为制定有针对性的策略与举措提供决策支持。这需要企业在用户管理中形成细分思维。

挖掘用户特征与行为背后的深层原因，理解用户的心理动机与潜在需求。这需要企业在数据分析中体现深度思维。

在大数据分析中发现用户新的使用场景、兴趣点、关注重点等，为产品创新提供思路。这需要企业在数据驱动中具备发现和钻研精神。

将分析结果以报表、图表、图形等形式进行直观展示，方便管理层理解与决策。这需要企业在数据运用中注重分析结果的可视化表达。

☞多维画像

分析用户的年龄、性别、地域分布、婚姻状况、学历等人口统计信息，理解用户的基本属性。这需要企业在用户分析中关注宏观层面。

分析用户所在地域的经济与文化特征，理解区域差异对用户特征的影响。这需要企业在用户分析中具有地域敏感度。

分析用户的兴趣爱好、主要内容消费类型等，理解用户的爱好倾向与潜在需求。这需要企业在用户洞察中具有内容敏锐度。

分析用户的浏览行为、购买行为、互动行为等，识别用户的习性与行为模式。这需要企业在用户管理中形成行为视角。

分析用户的消费能力、消费习性、品牌偏好等，理解用户的消费心理与决策依据。这需要企业在营销管理中形成消费洞察力。

通过行为背后的信息分析用户的心理动机、需求驱动等，理解用户的内心世界与真实诉求。这需要企业在用户洞察上具有心理学视角。

跟踪记录用户自获客以来的各类特征变化，理解用户在不同生命阶段的差异需求。这需要企业在用户管理上形成全生命周期观。

☞用户细分

根据用户特征在人口统计、地域、兴趣等方面的差异，划分出不同的用户特征群体。这需要企业在用户管理中形成分类聚类思维。

根据用户的浏览行为、消费行为、互动行为的差异，划分出不同的行为用户群体。这需要企业在用户分析中关注用户行为分布与模式。

根据用户内心动机与真实需求的差异，划分出心理特征不同的用户群体。这需要企业在用户洞察中具备心理分析能力。

根据用户消费生命周期的不同阶段，划分出生命周期特征不同的用户群体。这需要企业在用户管理上具备全生命周期的视角。

对用户可以划分出广义的大类群体，也可以细分出具体的小类群体细分，要根据企业管理与运营需要确定适当的细分深度。这需要企业在用户管理中兼具宏观与微观思维。

根据科学合理的划分标准与方法对用户进行区分，而不会过度简化或遗漏某些用户维度。这需要企业在用户分类上具备量化与定性相结合的分析能力。

用户细分要为制定针对不同用户群的差异化策略、开发有针对性的产品与服务等带来实践价值。这需要企业在用户管理中将分析结果映射到实际运营层面。

☞**需求发掘**

在大数据和对信息进行深入分析的基础上，理解用户当前表现出的需求背后所隐含的更深层次的潜在需求。这需要企业在用户洞察上具有前瞻性思维。

跟踪用户特征和行为的变化，理解不同时期用户需求与兴趣点的变动轨迹。这需要企业在用户管理中形成动态跟踪理念。

发掘当前市场与企业未完全满足用户的需求空间，为产品开发提供创新机会。这需要企业在用户洞察中保持敏感的市场意识。

理解不同细分用户群体的个性化需求，为优化客户体验提供依据。这需要企业在用户管理中注重差异化思维。

运用数据挖掘、人工智能等技术手段，实现自动化高效的需求挖掘与分析。这需要企业在数据技术应用上不断提升能力。

需求挖掘要在兴趣爱好、新技术应用、生活方式等多个层面进行，目的是拓宽对用户需求的洞察广度。这需要企业在用户研究上采取全维观察视角。

挖掘出的用户需求要转化为产品开发计划、营销策略调整、客户服务优化等管理举措。这需要企业在用户洞察上体现管理导向。

☞ 持续迭代

定期根据新采集的数据和变化情况，更新用户画像、特征分析、需求发掘等工作结果，使企业对用户的洞察保持最新状态。这需要企业在数据管理中形成定期迭代的理念。

遇到用户特征或需求发生较大变化时，要及时调整分析模型、修订分析结果，以反映用户变化情况。这需要企业在用户管理中体现灵活机动的工作作风。

在更新结果时，既吸收新采集的数据带来的信息，也继承历史数据中的有价值内容，实现洞察的持续积累。这需要企业在数据分析上兼具历史视角与当前视角。

根据企业当前的管理重点与需求，选择更新用户洞察工作的方向与内容。这需要企业将数据驱动与管理导向有机结合。

建立系统的用户洞察工作机制与流程，明确更新时间节点、内容、方式、责任人等，这可以确保高质量的持续迭代。这需要企业在数据管理中体现系统化理念。

运用数据采集与分析技术实现用户洞察工作的高效迭代，缩短更新周期，扩大更新内容。这需要企业在数据技术应用上不断加强能力提升。

对迭代更新效果进行监测与评估，发现存在问题并及时加以改进。这需要企业在开放数据环境下兼顾结果质量。

用户体验持续优化：感知式互动与个性化定制

用户体验持续优化需要企业体现心理学视角、互动思维、差异化定制思维、全生命周期视角、情境感知能力、技术前瞻视野和持续改进理念。只有深入理解用户感知与互动需求，并持续优化个性化体验，企业才能真正与用户产生共鸣，实现价值的最大化。下面是实践路径和操作要点。

☞感知体验

根据用户的视觉习惯与偏好，选择适宜的色彩、布局、图形等设计视觉体验。这需要企业在用户研究中具备视觉心理学视角。

根据用户的听觉偏好选择优质悦耳的音乐、音效、声音等设计听觉体验。这需要企业在用户体验设计中具备听觉心理学视角。

根据用户的触觉习性选择舒适质感的物料、加工工艺等设计触觉体验。这需要企业在产品设计中具备人体工程学视角。

根据用户的嗅觉偏好选择适宜的香味与氛围设计嗅觉体验。这需要企业在产品设计中考虑多感官体验。

通过实际用户使用测试来检验不同感知体验方案的效果，选择最优方案。这需要企业在体验优化中采取以用户为中心的试错态度。

运用虚拟现实、人工智能等技术手段创新感知体验的形式与内容。这需要企业在数字技术应用上具备前瞻性视野。

根据不同用户及使用场景提供差异化的感知体验方案。这需要企业在用户体验设计上形成差异化思维。

☞ **互动体验**

根据用户的操作习惯与交互逻辑设计流畅高效的人机交互体验。这需要企业在产品设计中具备人机交互视角。

根据用户的社交需求与互动偏好设计开放、引人入胜的在线社交体验。这需要企业在数字化运营中具备社交媒体视角。

根据品牌定位与服务类型选择鲜明的产品互动性格（如亲和、运动、户外等），打造一致的性格体验。这需要企业在品牌与产品设计中具备情感表达能力。

运用聊天机器人、增强现实等技术手段提供更为自然和人性化的人机互动体验。这需要企业在数字技术应用上具有前瞻性视野。

在各种渠道下（如移动端、社交平台等）提供一致的互动体验，这需要企业在渠道管理中具备全渠道融合理念。

通过用户使用与反馈来检验不同互动体验方案，选择最优方案。这需要企业在体验优化中采取以用户为中心的试错态度。

根据不同用户及使用场景提供差异化的互动体验方案。这需要企业在用户体验设计上形成差异化思维。

☞ **个性化体验**

基于详细的用户画像对不同类型的用户进行精细化细分，这为提供个性化体验奠定基础。这需要企业在用户管理中形成分类聚类思维。

根据不同用户特征（如年龄、性别、地域等）设计与之匹配的产品与服务体验方案。这需要企业在用户体验设计中关注用户差异化需求。

根据用户不同使用场景（如工作、休闲等）设计高度契合的个性化体验方案。这需要企业在体验设计中关注用户情境需求。

基于用户的个人兴趣爱好设计出高度定制化的体验方案。这需要企业在用户洞察上具备用户个性把握能力。

根据用户的消费历史与互动记录持续优化个性化体验。这需要企业在用户管理中具备动态积累与跟踪思维。

运用大数据、人工智能等技术手段实现高效精准的用户细分与个性化匹配。这需要企业在数字技术运用上不断加强能力。

通过用户反馈与使用测试持续优化个性化体验方案。这需要企业在体验优化中采取以用户为中心的试错态度。

☞ **全生命周期体验**

为潜在客户提供引人入胜的品牌及产品体验，吸引其转化为准客户。这需要企业在营销策划中具备吸引新客户的视角。

为新客户提供入门指导与迷你体验，帮助其熟悉产品与服务。这需要企业在客户关系管理中注重新客户的适应期需求。

为活跃客户提供丰富的互动体验与福利，促进其继续活跃。这需要企业在客户维系中具备客户使用激励视角。

针对潜在流失客户提供回归诱因与专属体验，挽留其继续使用。这需要企业在客户流失管理上具备挽回流失客户的敏锐度。

基于历史客户丰富的消费数据提供高度个性化的体验，维系其高度忠诚度。这需要企业在客户管理上具备历史数据积累与运用能力。

在各个客户接触渠道提供一致连贯的产品体验，覆盖客户全生命周期。这需要企业在渠道管理上具备全渠道融合理念。

随着客户生命周期的变化持续检测与优化客户体验方案。这需要企业形成以客户为中心的持续改进作风。

☞ 场景体验

深入分析不同用户的产品使用场景，理解场景需求与体验诉求。这需要企业在用户研究中具备场景思维。

根据用户的工作场景设计高效、便捷的产品体验方案。这需要企业在用户体验设计中关注用户工作场景需求变化。

根据用户的生活场景设计人性化放松的产品体验方案。这需要企业在用户体验设计中关注用户生活场景需求。

根据用户的不同移动环境及设备提供随时随地的产品体验方案。这需要企业在用户体验设计中关注用户移动场景需求。

运用虚拟现实、人工智能等技术手段打造身临其境的场景体验方案。这需要企业在数字技术应用上具备前瞻性视野。

在各种线上线下渠道提供与用户场景高度吻合的一致体验方案。这需要企业在渠道管理上具备全渠道融合理念。

通过实际用户在不同场景下的使用测试来检验场景体验方案，并进行持续优化。这需要企业在体验优化中采取以用户为中心的试错态度。

☞ 新技术运用

运用人工智能技术，如机器学习、自然语言处理等技术手段预测用户需求与个性化推荐，优化用户体验。这需要企业在人工智能应用上不断加强能力。

运用大数据分析技术对用户特征、互动行为等进行深入分析，获得优化用户体验运用虚拟现实技术如增强现实、虚拟现实等技术手段创新用户体验的互动形式与内容，提高用户体验的身临其境感。这需要企业在新技术研发与应用上具备前瞻性视野。

收集物联网设备采集的用户数据如健康数据、位置数据等，个性化定制与优化用户体验方案。这需要企业在新技术与数据的结合应用上具备跨界思维。

运用5G技术实现体验方案的低延时化、移动化和视频化，优化用户体验效果。这需要企业在新技术运用上具备超前部署能力。

运用生物特征技术如面部识别等技术手段实现简单易用与安全的个性化定制体验。这需要企业在新技术应用上具备安全前瞻性思维。

发挥人工智能、移动互联网、物联网、生物识别技术等的融合效应，创新全新形态的用户体验方案。这需要企业在新技术运用上具备系统整合视角。

▶ **持续检测与优化**

在各个用户接触渠道收集用户对体验的反馈与评价，检测体验存在的问题与不足。这需要企业在客户关系管理中形成用户反馈引导机制。

收集用户在使用产品与服务过程中的行为数据，分析体验优化的机会与需求所在。这需要企业在大数据管理中具备用户使用数据检测视角。

对其他企业的用户体验方案进行标杆管理，检测自身体验方案的差距与提升空间。这需要企业在用户体验管理上具备外部参照视角。

邀请用户体验专家对现有体验方案进行审查，提供专业的检测意见与改进建议。这需要企业在用户体验设计上具备专业咨询合作意识。

持续检测人工智能、虚拟现实等最新技术在用户体验应用上的新机会，避免体验方案过时失效。这需要企业在技术研发上具备前沿掌握与应用力。

通过设计思维、用户调研与使用测试等手段持续检测现有体验方案的效果，并据此持续优化。这需要企业形成以用户为中心的持续改进理念。

区分不同用户群体与使用场景，采取差异化的方式对其用户体验进行持续检测。这需要企业在用户管理上形成差异化思维。

用户参与和协作：社区化互动与超级用户

社区化互动与超级用户需要企业具备社交化运营能力，通过用户社区的力量与超级用户的影响，以社区化互动、用户共创、超级用户发展等形式，这样与用户才能建立起协同创新的关系，从而真正满足用户，价值才能不断提升。下面是实践路径和操作要点。

☞ **社区化互动**

搭建开放的用户社区平台，为用户提供自由交流与互动的空间场所。这需要企业在数字化运营中具备社交平台建设理念。

在用户社区中设定与产品或服务相关的交流话题与活动，引导用户产生有价值的互动与讨论。这需要企业在社区运营上具备用户交流引导能力。

运营企业的官方社区账号，主动与社区用户进行互动交流，收集用户反馈与建议。这需要企业在用户关系管理中建立健全社交互动机制。

通过线上社区平台与线下社区活动相结合，加强用户之间的社交联系与互动黏性。这需要企业在社区运营上具备线上线下整合能力。

在社区中发现不同用户群体之间的互动机会，并通过话题与活动将其有机连接在一起。这需要企业在用户管理中具备用户群体洞察力。

密切关注社区内的热点话题与讨论，并通过官方账号等方式进行适时、适度的内容添加与互动，以引导社区氛围。这需要企业在内容运营中具备热点跟踪与引导技能。

通过用户在社区中的互动情况与反馈持续检测与优化社区体验，提高用户黏性。这需要企业形成以用户为中心的持续改进思维。

☞**用户共创**

针对产品或服务的创新与迭代设计开放式的用户共创活动，引导用户参与体验方案的构想与创意提出。这需要企业在活动管理中具备共创活动设计能力。

根据产品与服务的发展需求，确定引导用户讨论与解决的共创话题或问题。这需要企业在产品研发上具备用户创新洞察力。

提供开放的数字化平台与工具，供用户参与共创活动、提交创意方案与互相交流。这需要企业在数字化运营上具备开放的创新思维。

邀请相关行业专家对共创活动提供专业的方向引导与指导意见，帮助用户进行创意的产出。这需要企业在用户共创上具备专业化参与视角。

组织相关专家对用户提交的创意方案进行评审与点评，选出最具价值的方案。这需要企业在用户共创上形成公正高效的方案评价机制。

为评选出的优胜创意方案的用户设置丰厚的奖励，以激励更多用户参与共创。这需要企业在用户共创活动中具备用户激励视角。

将优胜的用户创意方案纳入产品与服务创新，并将评审反馈回流至参与用户。这需要企业在用户共创上形成持续改进机制。

☞**超级用户发展**

基于用户对产品或服务的依赖程度与专业度进行细致的用户群体划分，识别出超级用户群体。这需要企业在用户管理上具备精细化细分能力。

根据超级用户群体的特征确定关键影响力用户作为超级用户，并建立超级用户档案。这需要企业在用户关系管理上具备用户影响力判断力。

通过大数据与人工智能技术洞察超级用户的行为特征、兴趣爱好与需求诉求，深化对其的理解。这需要企业在数据运用上具备用户精细化洞察技能。

针对超级用户的特殊性设计有针对性的用户维系政策与方案，持续提高其忠诚度与影响力。这需要企业在用户关系管理中具备关键用户维系能力。

通过社区平台、专属活动与其他线上线下方式加强与超级用户的互动，收集其宝贵反馈与建议。这需要企业在用户互动中具备用户共鸣理解力。

针对具有超级用户潜质但尚未完全转换的用户设计引导政策与方案，持续培育其成长为超级用户。这需要企业在用户教育中具备差异化培养思维。

通过超级用户在社区和其他场合的影响力，扩大超级用户规模，同时也间接影响更广范围用户，实现营销扩散。这需要企业在市场营销上具备用户社交影响力运用能力。

☞ **用户体验大使**

根据超级用户的特征与专业度，设计有针对性的用户体验大使人选方案，从超级用户中甄选出适当人才。这需要企业在人才选拔上具备精细化选拔思维。

明确用户体验大使在体验共创与推广中的具体角色与责任，包括协助体验设计、参与新技术试用、内容创作与推广等。这需要企业在人才管理上具备角色定位能力。

为用户体验大使设定相应的权益政策，包括产品试用权、内容运营收益分成、项目奖励等，以强化其责任心与工作热情。这需要企业在人才激励上具备差异化激励思维。

为用户体验大使提供专业的体验知识与技能培训，同时，为其提供工作支持与资源保障，提高其专业能力与工作效率。这需要企业在人才发展上具备专业支持理念。

委托用户体验大使参与产品内容的设计与创作，如微视频、短文、图文等，整合专业视角与用户视角。这需要企业在内容创作上具备用户共创理念。

建立用户体验大使的工作评价体系，并定期提供绩效反馈与改进建议，持续提高工作质量。这需要企业在人才管理上形成闭环式反馈机制。

发挥用户体验大使的社会影响力，协助企业进行产品与内容推广，拓展用户规模与市场空间。这需要企业在营销传播上具备社交影响力运用视角。

☞**新产品试用**

从超级用户与体验大使中精心甄选一批对新产品高度感兴趣与较高专业度的用户，开展新产品试用活动。这需要企业在用户筛选上具备精准匹配思维。

针对新产品的特性与定位设计相应的试用方案，包括试用时长、试用任务、数据采集等。这需要企业在用户体验管理上具备新产品试用设计能力。

向试用用户提供最新且高质量的产品成品或产品原型，收集其使用体验数据与反馈意见。这需要企业在产品研发上具备用户首测理念。

搭建产品相关专家的辅导队伍，在用户试用过程中对其进行及时的指导与疑问解答。这需要企业在用户试用上具备专业的试用支持能力。

通过专门的数据采集工具与手段收集用户试用数据,如使用时间、功能偏好、体验反馈等。这需要企业在数据采集上具备用户体验数据洞察力。

将收集的试用数据与用户反馈进行分析汇总,检测新产品的体验效果与改进机会。这需要企业具备分析运用用户体验数据能力。

根据用户试用体验反馈对新产品的设计方案与功能配置进行及时优化,确保产品与用户需求的高度匹配。这需要企业形成以用户体验为中心的产品优化机制。

☞ **用户专家顾问团**

从超级用户与体验大使中选拔一批对行业与产品有极高专业视角与洞察力的用户,组建用户专家顾问团。这需要企业在人才甄选上具备高端化判断能力。

明确用户专家顾问团在企业创新与决策中的角色定位与职责,包括产品设计咨询、市场洞察提供、战略建议提出等。这需要企业在人才管理上具备高端化角色设计能力。

为用户专家顾问团设置相应的权益政策与工作激励,包括高额专家费、项目分红、公司股权等。这需要企业在人才激励上具备股权合作理念。

为用户专家顾问团提供必要的工作资源与条件支持,提高其工作效率与决策质量。这需要企业在人才发展上具备专家化支持理念。

与用户专家顾问团共同确定其工作方式与流程,包括会议模式、报告方式、沟通频率等,实现高效协同。这需要企业在过程管理上具备灵活高效的工作机制设计思维。

建立与用户专家顾问团的工作绩效评价机制,并定期提供回馈与改进建议，不断提高专业服务质量。这需要企业在人才管理上形成高端化绩效评价体系。

通过会议、工作汇报、专题讨论等持续深化与用户专家顾问团的沟通交流，全面提高专业服务水平。这需要企业在合作关系中具备长期共赢理念。

引发用户裂变：让用户社群作为品牌代言人

要引发用户裂变，需要企业在社群化运营管理、社群体验设计、内容创意设计能力、内容生产运营等方面发力。只有真正依靠社群用户打造品牌，构建面向用户的社群化品牌体系，企业与用户之间的关系才会在互动体验中不断升温，企业的品牌影响力与市场机会才会快速增加。具体的实践路径和操作要点如下所述。

☞社群化运营

根据目标用户的特征与需求确认要打造的社群类型，如体验社群、互助社群、生活社群等，满足不同用户的社交与情感需求。这需要企业在用户洞察上具备社群精确定位能力。

选择适宜的社群工具与平台，构建数字化社群空间，为用户社交互动和内容生产提供基础设施与环境。这需要企业具备社群技术应用能力。

从目标用户中选拔一批具有较高影响力和组织协调能力的用户，担任社区的组织者与协调者。这需要企业在人才甄选上具备社群关键节点判断能力。

为不同类型的社群设计有针对性的活跃方案，如社群周期性活动、社群体验活动、话题讨论等，不断增强社群氛围与互动。这需要企业在社群运营上具备持续活跃维护的能力。

通过社群内用户之间的点赞、评论、@功能等激发社群内的体验互动，在社群运营中融入体验传播理念。这需要企业在社群管理上具备体验互动引导思维。

在社群互动中引入社群学习内容，如产品教程、行业知识、人生感悟等，不断提高社群用户的专业度与黏性。这需要企业在用户教育上具备社群学习培养能力。

通过社群用户的交流内容和互动行为，分析并深入理解社群用户的特征、兴趣和需求，为后续的运营策略和产品创新提供洞察。这需要企业在大数据分析上具备社群用户精细化洞察能力。

☞**体验传播设计**

针对不同类型的社群用户设计具有互动体验属性的线上线下活动，如新产品体验会、兴趣培训班、生活情感分享会等，满足用户多层次的社交与学习需求。这需要企业在用户活动设计上具备社群体验策划能力。

围绕体验活动内容，创作具有较高传播性的活动报道、花絮视频、体验点评等素材，鼓励社群用户进行传播、转载与互动。这需要企业在内容创作上具备社群传播素材设计的能力。

在体验活动中设置有针对性的互动环节与机制，如现场投票、评论抽奖、线上分享赢取礼物等，激发社群用户的互动热情与传播欲望。这需要企业在用户互动上具备社群体验互动设计思维。

在体验活动和互动环节中设置针对社群用户的奖励与礼品，如现场礼物、虚拟道具、粉丝权益等，不断培养社群用户的参与习惯与品牌忠诚度。这需要企业在用户激励上具备社群体验奖励机制。

在体验活动结束后，监测社群用户在各社交平台的活动报道与点评情况，整理和分析传播效果及互动特征，为下次活动的设计与优化提供参考。这需要企业在传播监测上具备社群体验传播跟踪评估能力。

在体验活动的各个环节采集社群用户的数据信息，深入理解目标用户的活动偏好、互动兴趣和潜在需求，为企业的营销策略与产品创新提供用户洞察。这需要企业在大数据采集上具备社群用户画像生成能力。

☞ **内容生产运营**

根据不同社群用户的兴趣偏好和互动特征，设计富有体验属性和生活属性的内容生产方案，如社群旅行记、新产品评测、生活美食分享等，满足用户获取有用信息与互动交流的需求。这需要企业在内容策划上具备社群内容设计能力。

为社群用户提供内容生产的资源支持，如产品试用、旅行体验、现场采访等，使其可以轻松获得内容生产素材，减少内容生产难度。这需要企业在内容运营上具备社群内容生产支持能力。

针对不同类型的社群内容，开展内容生产教程与培训，提高社群用户的内容创作技能与水平，使其可以长期参与内容生产并获得成就感。这需要企业在用户教育上具备社群内容生产培养能力。

在社群平台和各人社交媒体上，通过人工智能与算法推荐等方式，推送有价值的社群内容，扩大内容的浏览量与互动量，以激励更多社群用户参与内容生产。这需要企业在内容运营上具备社群内容智能分发能力。

定期检测社群内容的质量与互动效果，并及时为内容生产用户提供改进反馈与建议，不断提高内容质量与用户体验。这需要企业在内容监测上具备社群内容运营跟踪和分析能力。

通过社群用户的内容生产与互动行为，解析其特征与兴趣，深入了解内容生产的目标受众以及潜在需求，为内容策略的设计与优化提供参考。这需要企业在大数据分析上具备社群内容用户画像洞察能力。

☞**影响力扩散**

在社群互动和体验活动中设置诱导社群用户产生口碑传播的机制与方案，如现场"微博打卡"、社群里的"传播有礼"等，激发用户的口碑传播欲望与行为。这需要企业在社群传播上具备口碑传播设计能力。

通过算法推荐、内容置顶、活动报道等方式，在各大社交媒体和公众号上优先推送社群用户的互动内容与体验报道，提高内容的外部曝光率并增加其流量，进而拓宽用户之间的口碑传播路径。这需要企业在社群传播上具备传播路径激活能力。

通过企业自身的公关资源、媒体资源和广告投放等方式，对社群内容与活动进行外部传播加速，提高活动的外部知名度与影响力，为社群用户提供更大的传播平台与机会。这需要企业在公共关系与传播上具备外部传播资源联动能力。

从社群用户中选拔一批具有较高影响力和组织协调能力的用户，聘任为社群的品牌传播大使，发挥其在社群内的引领作用，带动更多用户参与互动与传播。这需要企业在社群运营上具备社群关键节点判断能力。

定期检测社群内容与活动在外部社交媒体上的曝光与互动，分析社群影响力与口碑在目标群体中的渗透效果，为社群发展战略和社群传播方案的优化提供依据。这需要企业在社群监测上具备社群影响力渗透分析能力。

综合分析社群用户和外部受众的传播互动行为，深入理解目标客户的特征、兴趣与需求，为企业的营销策略与产品创新提供精准的用户洞察。

这需要企业在大数据分析上具备用户画像全面共建能力。

☞ **用户画像数据**

对品牌的目标用户群体进行详细分析与描绘，识别出不同用户类型、特征与需求，形成清晰的用户群体画像。这需要企业在用户管理上具备用户群体画像构建方法与能力。

从广泛的目标用户群体中识别出品牌的核心用户，如重度用户、忠诚用户与影响力用户等，这部分用户将成为引发裂变的种子用户。这需要企业在用户关系管理上具备核心用户识别与锁定能力。

对识别出的种子用户进行全面而深入的分析与洞察，生成反映其特征、行为模式与需求的精准画像。这需要企业在用户管理上具备种子用户精细画像绘制能力。

利用大数据分析手段，挖掘出不同用户群体与种子用户之间的关联关系网，如互动关系、兴趣爱好关系与话题传播关系等。这需要企业在大数据分析与挖掘上具备用户关联关系挖掘能力。

基于用户关联关系网，识别出不同用户群体接收品牌信息与影响的主要路径与中介，为裂变效应产生与扩散提供分析基础。这需要企业在用户关系管理上具备用户影响力传播路径识别能力。

依托以上用户画像与关系分析，针对不同用户群体制订引发社交裂变的创新方案，选择合适的种子用户与传播路径启动方案的执行。这需要企业在社会化营销上具备用户裂变方案制订能力。

用户关系管理：全渠道覆盖与用户生命价值

用户关系管理，需要企业具备全渠道营销管理思维、数据治理管控水平、用户画像构建方法论、用户关系生命周期管理思维、用户关系生命周期管理和用户价值评估能力。只有实现全渠道与全生命周期的用户关系管理，企业才能真正掌握客户资源，做到因客户施策，市场机会与增长动力才会持续增加。具体的实践路径和操作要点如下所述。

☞ **全渠道连接**

评估自身拥有的市场渠道资源，如自营渠道、第三方电商、社交媒体账号等，并根据品牌战略和目标用户画像，规划重点发展和新增的市场渠道。这需要企业在渠道规划上具备渠道资源整合思维。

建立统一的渠道数据标准与采集系统，实现在各渠道场景下的数据收集、清洗与存储，为用户画像构建和客户智能决策提供数据支持。这需要企业在数据管理上具备渠道数据采集和应用能力。

根据用户的购买习惯和使用场景，设计在各渠道之间实现高效衔接的营销方案，如线上产品推广联动线下体验、社交媒体活动引流实体店等，实现全渠道营销效果最大化。这需要企业在全渠道营销上具备渠道资源优化配置能力。

面向不同渠道特点，设计适配的内容形式与传播方案，并在各个渠道之间实现内容资源的协同与互补，打造涵盖全方位的内容生态。这需要企业在内容运营上具备全渠道内容生产能力和内容资源整合机制。

依据用户在不同渠道的行为画像，在全渠道范围内提供最优的用户体验，并构建用户资源在各渠道之间的高效转化机制，实现全渠道的客户关系管理。这需要企业在用户管理上具备全渠道用户洞察力和全渠道客户资源配置思维。

建立科学的全渠道业绩评估体系，从战术指标衡量各渠道的运营效果，到战略指标评估不同渠道在客户获取、变现与价值实现上的贡献，为全渠道业绩管理与资源优化提供基础。这需要企业在业绩管理上具备全渠道业绩评估思维和指标体系构建能力。

☞ **数据管理体系**

构建从业务系统及各市场渠道采集的原始数据，到建立数据仓库并实现结构化存储，再到数据挖掘及应用的完整数据管理框架。这需要企业在数据管理上具备数据体系规划与设计思维。

制定数据安全、数据质量、数据隐私等方面的管理标准与流程，确保在全企业范围内的数据采集、存储、开放与应用都符合相应的规范与要求。这需要企业在数据管理上具备数据治理水平与规划能力。

选择匹配的数据存储解决方案，构建符合企业业务发展需要的数据仓库，实现大规模数据的在线存储和实时访问。这需要企业在数据技术上具备数据建模与存储能力。

对从各系统和渠道采集的大规模原始数据进行清洗、去重、补全与验证，使其达到结构化数据标准，满足客户智能、业务分析与决策的需要。这需要企业在数据技术上具备数据清洗与处理能力。

对内部数据资源进行整理与评估，对外开放符合企业数据治理要求的数据集，为供应商、合作伙伴等第三方提供开发接口与应用资源。这需要企业在数据管理上具备数据开放与授权思维。

采取技术手段与管理流程，对数据采集、存储、开放与应用全流程实施安全监测与防护，以避免数据泄露、丢失或被未经授权访问等风险。这需要企业在数据管理上具备数据安全与监管能力。

☞ **用户画像构建**

在各市场渠道和业务场景下广泛收集用户的数据，包括用户属性（人口统计属性）、行为数据（浏览、购买行为等）、互动数据（评论、点赞等），为用户画像的构建提供数据基础。这需要企业在数据采集上具备全渠道用户数据获取能力。

对采集的各类用户数据进行关联、统计、聚类等深度挖掘与分析，识别用户的特征、兴趣与潜在需求，为用户画像的生成提供分析基础。这需要企业在大数据分析上具备用户数据挖掘与洞察能力。

选取不同维度的用户特征，如行为特征、互动特征与人口特征等，并设置权重对这些特征进行融合，最终生成能够全面反映目标用户特性的画像。同时，要能根据业务或产品的具体对象，对画像进行定制化生成。这需要企业在用户管理上具备用户画像构建与应用方法论。

通过持续跟踪用户的数据变化，定期检测用户画像的准确性与有效性，并对画像进行更新与修正，使其能始终反映用户最新的特征与需求。这需要企业在用户关系管理上具备用户画像动态跟踪与优化能力。

在各业务场景与决策环节，特别是产品设计、业务流程优化与精准营销等方面，广泛应用用户画像，使每个环节的输出都能精准匹配目标用户的需求。这需要企业在用户管理上具备用户画像全业务应用思维。

基于各业务场景用户画像的应用效果，对数据采集和用户画像构建的方法、手段与流程等进行反馈与优化，使得用户画像生成的效率和准确性不断提高。这需要企业在用户管理上具备用户画像机制持续改进能力。

☞ **用户关系生命周期**

根据用户与企业之间关系的演变过程，将用户生命周期划分为潜在期、吸引期、激活期、保有期和退化期等主要阶段，为每个阶段的用户关系管理提供基础。这需要企业在用户关系管理上具备用户生命周期思维。

根据用户生命周期的不同阶段，对目标用户的特征与需求进行动态剖析，生成每个阶段的专属客户画像，为生命周期管理方案的设计提供支撑。这需要企业在用户画像应用上具备构建用户生命周期画像的能力。

面向每个生命周期阶段的用户特征，设计相应的关系管理方案，如潜在用户开发、新客户积极育成、老客户挽留与回流激励等，覆盖用户生命周期的全过程。这需要企业在用户关系管理上具备用户生命周期管理方案设计思维与能力。

建立对用户生命周期管理效果的评估体系，从用户转化率、用户质量、用户活跃度、用户分布与结构等方面进行测度，为用户生命周期管理方案的优化提供依据。这需要企业在用户关系管理上具备评估用户生命周期的能力。

选择或自主开发用户生命周期管理的专业系统，实现对各生命周期阶段客户的精准划分、特征标注、过程跟踪以及相关活动组织与执行等。这需要企业在系统建设上具备用户生命周期管理系统选择与开发能力。

不断检验生命周期管理的效果与用户反馈，对生命周期划分、客户画像、管理方案与评估体系等进行优化升级，使之能最大限度地满足目标用户的需求与期望。这需要企业在战略管理上具备优化用户生命周期策略的能力。

☞ **用户价值评估**

构建包括用户热度、用户影响力、用户潜力与用户贡献度等在内的用户价值评估体系，量化不同维度的用户价值，为用户资源配置与业务决策提供基础。这需要企业在用户管理上具备用户价值评估体系设计思维。

在各业务场景下广泛采集用户的行为数据和业绩数据，并基于用户价值评估体系设定的算法模型与计算公式，计算得出不同用户的价值评分与贡献度。这需要企业在大数据采集与分析上具备用户价值评估数据能力。

根据用户价值评估的结果，对目标用户进行价值特征剖析与洞察，从而生成不同价值层级与类型的用户价值画像，明确不同用户群体的现状与发展潜力。这需要企业在用户画像应用上具备构建用户价值画像的能力。

针对不同价值层级与类型的用户，设定差异化的关系管理规划与服务体系，最大限度地激发各类用户的潜在价值与贡献度。这需要企业在客户资源管理上具备构想与规划用户价值管理体系的能力。

不断检测用户价值的变化趋势，并针对用户价值画像与评估结果，采取创新举措不断提升目标用户的整体价值与贡献度。这需要企业在客户资源管理上具备设计用户价值提升机制的能力。

基于用户价值评估与管理效果，以及从用户的使用体验中获取的反馈，对价值评估体系与管理机制进行持续优化与改进，使之能不断适应用户需求与期望的变化。这需要企业在用户管理机制上具备持续进化用户价值体系的能力。

第九章

裂变组合：
战略+人才=激发用户增长动能

企业要实现高速发展与高质量成长，必须在战略、人才与用户三方面持续引爆增长潜能，借助数字机制不断优化企业与市场的契合度，构建学习、创新与协同的组织机能，以共生共赢的方式与用户群体互动，这是一个系统的解决方案与持续的发展过程。

【典型案例】

有一家致力于开发一款新型社交电商应用程序的初创企业，其初始用户数量很少，市场占有率非常低。为了实现快速的用户增长，该企业采用了战略裂变和人才裂变的组合策略。首先，该企业通过战略裂变的方式，将应用程序与微信、淘宝等一些知名平台合作，让这些平台的用户可以通过链接或二维码等方式访问该应用程序，从而吸引更多的用户。此外，该企业还通过优惠券、折扣等方式激励用户邀请更多的朋友注册，形成裂变效应。其次，该企业通过人才裂变的方式，吸引更多的优秀人才加入团队，从而提高产品的质量和用户体验。企业可以通过在社交媒体、招聘网站等渠道发布招聘信息，同时利用员工的社交网络和人脉进行推荐和招聘。一旦吸引到优秀的人才加入团队，他们就可以为企业带来更多的创意和优化方案，进一步提高产品的品质和市场竞争力，从而吸引更多的用户。

这家企业通过战略裂变和人才裂变的组合，快速吸引了更多的用户和优秀人才，从而实现了激发用户增长动能的目标。战略裂变扩大了该企业的品牌知名度和市场占有率，促进了用户的裂变传播；人才裂变提高了该企业的产品质量和用户体验，增强了用户的满意度和忠诚度。通过战略裂变和人才裂变的组合，该企业实现了更高效的用户增长动能，从而取得了很好的市场表现和商业成果。

三大裂变的内在逻辑

战略裂变开拓新方向，人才裂变提高组织学习与创新能力，用户裂变继续满足并引领新需求。唯有从战略到人才再到用户形成闭环，从人才到用户再到战略形成循环，从用户到战略再到人才形成螺旋，企业发展动能与市场竞争力才会源源不断。具体的实践路径和操作要点如下。

☞**战略裂变：找到企业裂变增长的新方向**

持续分析行业环境与竞争态势的变化，识别出新的业务机会与客户需求，为企业战略转型与升级提供方向支撑。这需要企业具备环境分析与机会识别能力。

积极探索相近或相连行业的发展空间，寻找企业的业务扩展方向与增长点，推动企业不断跨界发展。这需要企业具备拓展业务边界的勇气与眼光。

建立系统的新业务培育体系，从可行性研究到项目孵化再到业务打造，帮助新业务快速成长为企业新的战略支柱。这需要企业具备新业务培育的机制与能力。

推动组织机制与架构进行调整优化，建起一支适应新业务发展的组织团队，推动企业整体转型升级。这需要企业具备组织转型升级的决心与执行力。

不断检验新战略的实施效果，并根据市场与竞争环境的变化进行适时调整，使企业的发展战略始终处于最佳状态。这需要企业具备战略迭代与优化能力。

☞**人才裂变：激发实现新战略的组织能力**

建立常态化的组织学习机制，实现知识与信息在企业各层级与角色之间的流动与共享，不断提高组织整体的学习与适应能力。这需要企业具备组织学习机制构建能力。

采取有效举措，培养员工的跨界与创新思维，推动企业形成开放、包容与创新的文化氛围。这需要企业具有跨界与创新文化建设能力。

建立系统的人才培养与发展体系，专注培育一批懂技术、会管理、精通业务、具备战略视野的复合型人才队伍。这需要企业具备人才培养体系构建能力。

设计差异化的人才激励机制，通过合理的薪酬、职业发展与知识更新等手段，持续激发人才的工作热情与学习动力。这需要企业具备人才激励机制设计能力。

建立与新战略相匹配的人才评估体系，鼓励并识别那些能够推动战略实施的优秀人才，为人才的职业发展提供舞台。这需要企业具备新战略下的人才评估体系设计能力。

☞**用户裂变：持续释放企业新战略的增长动能**

深入理解目标用户群体的需求与痛点，洞察出用户潜在而又不断演进的需求，为企业的用户策略与业务创新提供方向。这需要企业具备深入的用户洞察能力。

积极占领全新用户群体，拓展新的用户高地，获得新的业务空间与市场机会。这需要企业具有拓展与打开用户群体规模的眼光与勇气。

不断检验不同用户群体的使用体验，并基于用户洞察进行持续改进与创新，以卓越的用户体验塑造品牌形象与影响力。这需要企业具备优化与创新用户体验的能力。

要针对不同用户群体设计差异化的沟通方案与互动机制，加深用户黏性与依赖，将用户转化为企业的忠诚拥趸与品牌传播者。这需要企业具备用户关系管理的能力。

要与用户群体共同创造价值，鼓励并吸纳用户在产品与服务创新上的想法与反馈，与用户建立共生共赢的发展局面。这需要企业具备价值共创机制的构建能力。

三大裂变的相互作用机制

三大裂变的相互作用机制实质上是让战略引领人才，人才推动用户，用户反馈战略。在三者之间形成闭环，企业的学习与创新水平才会不断提高，市场竞争力与影响力才会持续增强。三大裂变的协同效应在于相互作用，企业要在机制与流程上下足功夫，让战略、人才与用户之间达成高度的互动与互利。这是企业快速适应变化环境和实现高速发展的关键所在。具体的实践路径和操作要点如下所述。

☞ **战略裂变引导人才与用户裂变方向**

基于环境变化与机会分析，及时制定新的发展战略与业务方案，为人才发展与用户规划提供方向指引。这需要企业具备制订与调整战略方案的能力。

按照新战略方案对组织架构与职能进行重新设计，建立起战略实施与业务运营所需的组织形式。这需要企业具备组织架构重塑的决心与执行力。

基于新战略与组织架构，重新界定各关键职能与角色，明确其在战略实施中的定位与要求。这需要企业具备新战略下人才定位的能力。

根据新战略方案与关键角色定位，确认实施新战略所需要的人才条件与技能要求，为后续的人才发展规划提供依据。这需要企业具备人才需求分析与确定能力。

基于新战略的业务方向及竞争定位，重新审视现有目标用户群体的匹配度，并进行必要的调整与更新。这需要企业具备对目标用户群体进行更新与调整的能力。

☞ 人才裂变推动战略选项与用户体验创新

采取有效措施，培养人才战略眼光与创新思维，使人才能够理解并推动新战略的实施。这需要企业具备人才思维的更新与培养能力。

针对新战略下的关键角色，采取差异化的人才发展方案，加速强化这批关键角色的能力与专业水平。这需要企业具备关键角色强化的人才发展规划与执行能力。

构建学习型组织机制，提供人才展示与施展的舞台，激发人才的工作激情与主人翁精神，不断提高组织的活力与创新水平。这需要企业具备学习型组织机制的构建能力。

借助人才的专业知识与前线洞察，转化对用户需求的理解为产品与服务创新的动力，不断提高用户体验。这需要企业具备对人才智慧转化与应用的能力。

发挥人才的职业判断与专业技能，在战略制定与调整过程中提供切实可行的方案选项与建议，助力企业战略决策的制定。这需要企业具备战略选项设计与评估的能力。

☞ 用户裂变反馈战略调整与人才能力提升需求

建立用户体验反馈与意见收集机制，收集、分析用户在产品、服务与体验方面的反馈与建议，驱动企业的改进与创新。这需要企业具备管理与分析用户反馈的能力。

深入理解用户，持续追踪用户需求的演变方向，预测用户新兴需求与潜在变化，为企业的战略调整与人才强化提供参考。这需要企业具备预测用户需求演变的能力。

将用户反馈与需求预测转化为战略调整的参考依据，及时优化企业的发展战略，与市场变化保持同步。这需要企业具备战略调整与优化能力。

根据用户变化带来的新兴工作内容与必备技能，及时推出人才技能提升的发展项目，不断强化人才与市场需求的匹配度。这需要企业具备人才技能提升规划与执行能力。

主动对目标用户群体进行新产品教育与需求引领，帮助用户理解企业的创新与提高新技术的接受度，推动用户需求达到企业的产品与服务水平。这需要企业具备用户教育引领能力。

管理三大裂变的一体化思维

管理三大裂变的一体化思维需要在战略、组织、技术等方面实现深度融合，这需要跨越专业界限，打破部门壁垒，在更高的层面把握企业发展全貌与环境变化趋势。这是新时代管理的重要特征，需要管理观念与能力实现全面升级，才能适应企业发展与环境变化要求。具体的实践路径和操作要点如下所述。

☞ **转变管理视角：从资源管控向生态引领**

管理者要持续扩展视角，由内部资源管控向外部生态互动转变，建立外部环境、竞争态势与利益相关方全局性的管理认知，为企业战略选择与资源配置提供更全面支撑。这要求管理者具备战略视角与系统思维。

管理者要转变从计划管控向协调引领的管理方式，充分发挥内外部资源与要素之间的协同效应，推动各个子系统和要素以整体最优的状态运转。这需要管理者具备协调与整合能力。

管理者要由单一的组织框架设计转变为复杂的生态系统构建，即将战略选择、组织设计、人才配置、资源整合与用户关系等有机结合，打造企业自身生存与发展的生态环境。这需要管理者具备建设生态系统的视角与能力。

管理者要由直接管控人才、资源与业务的方式转变为通过战略与文化引领各要素自发的方式，实现管理政策与目标的有效执行，这需要管理者转变为生态引领者与发展设计者。这需要管理者具有引领与激励能力。

☞建立敏捷的管理体系：快速响应外部变化

构建扁平化的组织结构，精简管理层级，加快信息沟通速度，提高决策响应速度。这需要管理者具有设计与运营平台化组织的能力。

根据业务发展与环境变化不断优化管理流程，简化业务流程，加快产品更新迭代速度。这需要管理者具备流程重构与优化的能力。

借助数据分析等手段建立快速决策支持机制，加快问题发现与方案评选周期，推动管理决策与执行的敏捷性。这需要管理者具备快速决策与执行的能力。

在制度设计、流程重构与资源配置等方面体现系统整合的观念，使不同的要素高度融合，在功能上实现互补，在运转上达成最优协同，以增强组织的灵活运作与快速响应能力。这需要管理者具有系统整合的管理思维。

深刻理解行业与技术变革趋势，并在组织发展中体现强烈的变革意识，持续推动管理机制与方法的更新，以助力企业快速适应环境变化。这需要管理者具备明显的变革能力与锐意进取的精神。

☞ **运用新技术手段实现协同与互动**

积极推进数字化转型，利用云计算、大数据、人工智能等技术手段重构业务流程，实现管理的信息化与智能化，推动管理效率与精准度的提高。这需要管理者具备数字化转型的理解与推进能力。

建立科学的数据采集与分析机制，借助数据挖掘等技术找到管理的新理念与新方法，并以数据驱动方式不断检验、调整与优化管理实践与决策。这需要管理者具备数据驱动管理的理念与能力。

选择和运用高效的数字化沟通工具，实现管理团队之间的实时交流与协作，加快问题发现、方案评选与决策执行速度。这需要管理者具备应用数字化沟通与协作工具的能力。

运用数字技术手段构建开放共享的管理平台，实现知识、信息、工具与资源的共享，在企业内外形成开放协作的生态环境，不断提高管理效率与创新水平。这需要管理者具有开放共享的理念和平台建设的能力。

不断检验新技术对管理的影响，并以持续迭代的方式进行管理机制与方法的优化升级，确保管理水平与技术发展保持同步。这需要管理者具备新技术运用的前瞻性眼光和持续学习的意识。

三大机制：打破边界、群策群力、数据驱动

"打破边界、群策群力、数据驱动"是本书提出的实现组织裂变的三大机制。这三大机制是本书提出的激发组织裂变的重要路径。企业要在文化与制度上打破边界，释放内部潜在的协作与创新动力；要营造开放、包

容的氛围，通过工作设计等手段实现全员参与和自主创新；要建立数据驱动的决策机制，使各项管理与运营更加科学与精准。这三项机制的有效运作可以激发企业内部无限的变革潜力与创新动力。下面是具体的实践路径和操作要点。

☞ **打破边界：超越部门、专业与职能的边界，建立跨边界的协作机制**

在更高的层面理解企业战略与发展全貌，超越部门利益与边界限制，促进资源与要素跨部门、跨专业的融合与协同。这需要管理者具备跨部门的战略眼光与系统思考的能力。

积极融合不同部门、专业与岗位的思维模式与行为习惯，消除部门利益与边界壁垒，营造开放协作的管理环境与文化氛围。这需要管理者具有开放心态与跨界融合的能力。

在组织设置、业务流程、考核激励与资源配置等方面体现跨部门协同与一体化的理念，实现知识、信息、技能与资源在跨部门之间的有效流动与共享。这需要管理者具备跨部门协同机制搭建的组织设计与管理能力。

鼓励员工跨部门轮岗，培养具有多角度思考能力和融合专业知识的"通才"，他们可以在不同部门之间建立沟通桥梁，推动跨部门协同与创新。这需要管理者具备"通才"发展与管理能力。

构建跨部门的业绩考核与激励机制，引导不同部门基于共同的发展目标与利益实现协同与价值最大化。这需要管理者具备一体化的业绩考核与激励机制设计能力。

☞ **群策群力：发挥全员的智慧与创新力量，鼓励自发性地交流协作和创新实践**

营造开放、包容的组织文化氛围，鼓励员工自由表达与交流意见，助推知识与创意的广泛分享。这需要管理者具备文化建设与引领能力。

在业务流程与日常工作中预留员工自主创新与实践的空间，鼓励员工主动参与流程优化与提出创新意见。这需要管理者具备授权与激励能力。

构建开放、高效的交流机制与平台，方便员工之间就工作与发展进行广泛协商与思维碰撞，这需要管理者具备协同与交流机制搭建的能力。

建立便捷的知识获取与分享渠道，实现组织内各种专业知识、技能与创意的有效对流，这需要管理者具备知识管理与共享能力。

构建广泛的员工参与机制，在重大决策与管理创新中发挥全员的集思广益效应，这需要管理者具备员工参与机制的设计与运作能力。

☞ **数据驱动：依据数据与洞察来支撑业务决策与运营管理**

建立科学的数据采集与分析机制，利用大数据、人工智能等技术手段挖掘数据价值，获得精准的业务洞察与运营智慧。这需要管理者具备数据驱动理念与能力。

建立数据驱动的决策机制与流程，利用数据洞察来评选管理方案与业务策略，提高决策的科学性与准确性。这需要管理者具备数据驱动决策的能力。

选择和运用各种数字化的管理工具，如在线收集与反馈系统、智能运营系统等，实现高效数字化的管理与运营。这需要管理者具备数字化管理手段的应用能力。

借助数据手段实时监控业务运营与管理执行情况，发现问题与改进机会，并进行持续的优化与迭代。这需要管理者具备实时监控与持续迭代能力。

在企业内部积极推广数据驱动的理念，鼓励全员利用各种数据与分析工具来支撑工作与创新，形成数据驱动的文化与氛围。这需要管理者具备数据驱动文化的构建与引领能力。

员工持续学习，企业与用户共同成长

"持续学习与共同成长"代表了企业与员工、企业与用户之间实现的共生共荣关系。企业要建立起科学的学习培训机制和价值共享机制，与员工以及用户实现命运共同体，相互促进与共同发展。这是企业实现可持续发展的重要途径，需要在文化和管理机制层面作出配套与设计。下面是具体的实践路径和操作要点。

☞培养企业内部员工持续学习与跨界能力

构建学习型组织的基础框架与运行机制，如知识分享机制、差错容忍机制、跨界交流机制等，营造持续学习的氛围与文化。这需要管理者具备学习型组织建设的理解与能力。

为员工提供丰富的学习机会，如工作轮岗、项目参与、线上学习等，并提供必要的学习资源与支持，这需要管理者具备为员工提供学习机会与资源配置的能力。

适当安排员工跨界学习与更新学习，如对新技术、新工具、新产品与新领域的学习，以应对快速变化的需求与环境。这需要管理者具备学习内容设计与课程开发能力。

为员工提供与学习内容紧密结合的实践机会，让员工在工作中实践、使用新知识与新技能，实现"知行合一"。这需要管理者具备提供与管理员工实践机会的能力。

建立员工持续学习的激励机制与考核体系，把学习成果与工作表现有机结合，营造学习与创新的企业氛围。这需要管理者具备学习激励机制的设计与应用能力。

☞企业与员工实现共同的成长体验

管理者要与员工共同制定企业发展愿景与战略，从战略高度让员工明确企业发展方向与自己的发展定位，实现员工个人发展与企业发展的高度契合。

建立员工个人发展与企业发展高度耦合的机制，如项目授权机制、职业发展路径机制、薪酬与发展机制等，让员工在推进企业发展的过程中实现自身价值的最大化。这需要管理者具备互利共赢机制的设计与应用能力。

为员工提供助推企业发展的学习与实践机会，如企业业务相关的项目参与、业务口径和流程优化提案等，同时，企业也要为员工提供助力个人发展的学习机会，实现相互促进的成长体验。这需要管理者具备当员工提供学习机会与资源配置的能力。

要与员工一起分享并庆祝企业发展过程中的每个成功与突破，让员工在推动企业变革与创新成功的同时获得成就感与荣誉感。这需要管理者具备企业成功体验的共享和员工激励能力。

要营造员工与企业发展高度契合一休的企业文化，在核心价值观、行为规范与言行举止上体现企业共同体意识。这需要管理者具备企业文化建设与引领能力。

☞企业与用户实现共同的成长

企业要与用户一起参与产品或服务的设计与创新，一同探索用户需求与体验，共同创造价值。这需要管理者具备使用户参与与共创能力。

企业要利用大数据与人工智能技术深入理解用户，开发出高度契合用户需求的个性化产品与服务。这需要管理者具备数据驱动与用户洞察能力。

企业要通过各种线上与线下渠道与用户持续互动，收集用户使用反馈与改进意见，进行产品或服务的持续优化。这需要管理者具备使用户互动与反馈机制搭建能力。

企业要与用户一起分享新产品或服务上市的成功时刻，让用户成为产品设计与创新的合作伙伴，一同分享成果与荣耀。这需要管理者具备使用户互动与成功体验共享能力。

企业要为用户提供产品升级与功能提升的机会，同时也从用户的数据与反馈中获得产品创新机会，实现企业与用户互利互惠的发展机制。这需要管理者具备用户共创机制设计与应用能力。

后 记

本书尝试探讨企业成长的动力机制与发展模式。本书的观点是：在复杂多变的商业环境下，企业要实现持续稳定的增长，就必须具备"裂变思维"。这是因为，裂变思维关注的是企业在业务模式、产品形态、组织架构与管理机制等方面持续进行根本性的变革与革新。这种不断"裂变"的思维与行动，可以让企业在市场环境发生重大变化时迅速适应，并在行业竞争不断加剧时保持领先地位。"裂变"可以打破既有的业务边界与组织形式，释放出新的增长动能，让企业在发展的关键点上实现突破。"裂变"需要企业在观念与体制上不断推倒重来，这是企业赢得市场先机与持续领先的内在要求。

但是，"裂变"并非易事，它需要企业在管理团队与员工上具备前瞻性的眼光与开放的心态。"裂变"需要企业在理念上摒弃既有的成功经验与惯性思维，在行动上敢于推倒现状并重来。这需要管理团队在战略上具有清晰的方向感，在执行上展现出果断的行动力。"裂变"是一场与既有成功经验与惯性思维的斗争，它需要企业在各层面上都体现出创新与变革的勇气。

"裂变"是企业成长的内在要素，没有持续的"裂变"，就不会有持续的增长。这是一条充满挑战的必由之路。希望通过这本书，能对正在寻求新的增长动力与竞争优势的企业管理团队与创业者起到一定的启发与指引作用。在新的商业环境下，"裂变思维"是企业成为"第一"的必要逻辑，是企业获取持续竞争优势的重要法宝。期待这本书能成为企业管理者追求成长与变革的有益参考。

参考资料

［1］李青东.裂变式增长：无裂变，不增长，一切为了增长［M］.北京：当代中国出版社，2020.

［2］施襄，杨嘉伟.裂变增长：快速创造规模化用户［M］.北京：清华大学出版社，2019.

［3］杨飞.流量池［M］.北京：中信出版社，2018.

［4］资料其他来源：百度、搜狗、腾讯、新浪、红商网、雨果网、梅花网、虎嗅网等最新资讯。